本书得到陕西师范大学人文社会科学高等研究院
特别资助

〔美〕黄伟嘉◎著
Weijia Huang

偏旁知识与偏旁问题

Radicals of Chinese Characters: Knowledge and Issues

中 华 书 局

图书在版编目（CIP）数据

偏旁知识与偏旁问题/（美）黄伟嘉著. —北京：中华书局，
2021.10（2024.1 重印）
ISBN 978-7-101-15327-9

Ⅰ.偏…　Ⅱ.黄…　Ⅲ.汉字-偏旁　Ⅳ.H122

中国版本图书馆 CIP 数据核字（2021）第 181875 号

书　　名　偏旁知识与偏旁问题
著　　者　〔美〕黄伟嘉
责任编辑　张　芃
责任印制　管　斌
出版发行　中华书局
　　　　　（北京市丰台区太平桥西里38号　100073）
　　　　　http://www.zhbc.com.cn
　　　　　E-mail:zhbc@zhbc.com.cn
印　　刷　三河市鑫金马印装有限公司
版　　次　2021 年 10 月第 1 版
　　　　　2024 年 1 月第 2 次印刷
规　　格　开本/850×1168 毫米　1/32
　　　　　印张 6⅝　插页 2　字数 135 千字
印　　数　1501-2300 册
国际书号　ISBN 978-7-101-15327-9
定　　价　30.00 元

前　言

现代汉字属于意音文字,80%以上是由表意偏旁和表音偏旁组成的形声字,此外还有不少会意字和指事字,因此,现代汉字的学习是建立在偏旁学习的基础上的。

偏旁对汉字学习至为重要,但是由于篇幅及体例所限,许多汉字著作未能将偏旁完全展开来讨论,也不曾见到有专门讲解偏旁的书籍,这不能不说是一个缺憾。

我前面编写的几本汉字教材中也没能把偏旁讲详细、讲周全,当时想,等日后有空,要专门写一本《汉字偏旁》。2020年暑期,新冠疫情,不能出门,交了北大出版社的《汉字与汉字教学》书稿后,就动手做《偏旁知识与偏旁问题》的小册子了。这本小册子是把前面几本书中有关偏旁的内容汇总起来,加以整理、修改、补缺、扩充、完善。因为只讨论偏旁,所以涉及的相关问题,例如:六书、隶变、异体字、部首、部件、汉字文化等,也只讲与偏旁有关的部分。

为了便于讲述和理解,每个问题下都给出充足的例字,所有的例字都列出古文字字形,古文字字形始见于殷商甲骨文的,列出甲骨文字形;甲骨文没有的,列出后来的西周铜器铭文，以此顺延，或战国文字，或秦代小篆。有时为了充分展现早期汉字的象形性，也特别列出商代晚期铜器铭文。考虑到书的实用性，书中所列古文字基本都是现代汉语常用字。为了顾及不同背景的读者，书中所引《说文解字》注解和古代文献例证，都做了现代汉语翻译或解说。

侨居国外，就中文资料的查找和使用而言，如入陋巷深处。汉语言文字专业书籍极度缺乏，知网不畅，今年7月"国学大师"又突然少了很多链接，给编写带来很大困难。还好有国内朋友可求，引文微信求征，资料手机发来，这本小册子能够顺利完成得感谢他们。

把偏旁拿出来单独讲解，看似简单，做起来也颇费心力。虽然努力想做好，但囿于自身水平及写作条件，难免会有阙失和谬误，还希望老师和同学批评指正，以期日后修订时改进。

这本书有许多古文字形体，且繁简字并出，给编辑和排版造成很多困难，现在这本小册子能够漂亮地呈现在大家面前，特别感谢中华书局语言文字编辑室主任秦淑华老师和本书责任编辑张苊老师，感谢他们的细心、耐心和许多的辛苦。在编写过程中，参考了许多汉字专著和论文，借鉴和引用了许多专家学者的研究成果，书中的脚注和后面的参考书目都已做了说明，这里再次表示感谢！或有疏漏，还请谅解。

作者
2020.10.15 于波士顿家中

目　录

上编　偏旁知识

第一节　偏旁的定义

《现代汉语词典》（第七版）：偏旁是"在汉字形体中常常出现的某些组成部分，如'位、住、俭、停'中的'亻'，'国、固、圈、围'中的'囗'，'偏、翩、篇、匾'中的'扁'，'拎、伶、翎、零'中的'令'，都是偏旁"。《汉语大词典》：偏旁是"汉字合体字的组成部分。旧称左为偏，右为旁。今泛称合体字的左右上下任何一部分为偏旁"。

偏旁是合体汉字的组成部分，用于表义和表音。

第二节　偏旁的产生

偏旁是汉字的组成部分，是汉字造字过程中产生的。古人说汉字有六种造字方法，即：象形、指事、会意、假借、形声、转注，简称为"六书"，要讨论偏旁的产生就要从"六书"讲起。下面例举的古文字形体主要是 3400 多年前的殷商甲骨文，也有一些商周铜器铭文和战国竹简文。

一、象形

象形是通过描摹物体的形状来表达语义的，这种字叫“象形字”。例如：

（1）（日）字，像太阳的样子。

（2）（月）字，像半月的形状。

（3）（女）字，像袖手跪坐的女人。

（4）（子）字，像在襁褓中双臂摆动的孩子。

（5）（宀）字，像一栋房子。

（6）（冂）字，像一个栏圈。

（7）（牛）字，像一个牛头。

（8）（刀）字，像一把刀。

（9）（又）字，像手的侧面。

（10）（爫）字，像手在上面。

（11）（耳）字，像一只耳朵。

（12）（人）字，像侧立的人。

（13）（戈）字，像长柄的武器。

（14）（卩）字，像跪坐的人。

（15）（食）字，像盛有饭菜的食器。

（16）（大）字，像正面站立的人。

（17）（木）字，像一棵大树。

（18）（鸟）字，像一只鸟。

（19）𒀹（皿）字，像一个器皿。

（20）𒀸（火）字，像火焰形。

（21）𒀺（壴）字，像一个大鼓，上面是装饰，下面是支架。

（22）𒀼（庚）字，像钲类乐器，中有长柄，左右有两耳可摇。

（23）𒀽（帚）字，像一把用草扎成的扫帚，把柄朝下。

（24）𒀾（桑）字，像桑树枝叶茂盛。

（25）𒀿（泉）字，像水从泉眼中涌出。

象形字都是独体的，所以象形字没有偏旁。

二、指事

指事主要是在象形字上添加一些指示性的符号来表达语义的，这种字叫“指事字”。例如：

（1）在𒁀（日）字下添加一点，写作𒁁（旦），一点标识地面，表示太阳破土而出。

（2）在𒁂（女）字上添加两点，写作𒁃（母），两点标识乳房，表示哺乳的母亲。

（3）在𒁄（刀）字上添加一点，写作𒁅（刃），一点标识锋利处，表示锋利的刀刃。

（4）在𒁆（大）字下添加一横，写作𒁇（立），一横标识地面，表示人站在地上。

（5）在𒁈（大）字上添加两点，写作𒁉（亦），两点标识腋窝处，表示人的腋下。

（6）在𒁊（壴）字上添加三点，写作𒁋（彭），三点标识声音,表示击鼓声。

（7）在 㳿（庚）字上添加小点,写作 㳿（康）,小点标识声音,表示乐器声。

（8）在 㳿（皿）字上加注一点,写作 㳿（血）,一点指出盆中之物,表示里面是血。

（9）在 㵲（口）字中加注一点,写作 㵲（甘）,一点指出口中之物,表示口里有甜味。

（10）在 㵲（井）字中加注一点,写作 㵲（丹）,一点指出井中之物,表示井里有丹砂。

（11）在 㵲（木）字上加注一点,写作 㵲（朱）,一点指出留在地面的树根,表示树桩。

（12）在 㵲（木）字上添加三点,写作 㿯（本）,三点标识树根处,表示树的根部,"本"最早见于西周铜器铭文。

（13）在 㣺（又）字上添加一点,写作 㣺（寸）,一点标识脉搏处,表示脉搏处距手腕的距离为一寸,"寸"字最早见于战国竹简。

有的指事字是在标识物上面添加指示性符号来表示语义的,例如:

（14）"上"字,甲骨文写作 ㇐,是在标志物 ㇐ 的上面增加指示性符号,表示物体的上面。

（15）"下"字,甲骨文写作 ㇐,是在标志物 ㇐ 的下面增加指示性符号,表示物体的下面。

指事字也包括简单的数字,例如: ㇐（一）、㇐（二）、㇐

（三）、三（四）等。

指事字主要是在象形字上标注简单的符号，所以人们认为指事字也是独体的，在讲解偏旁时一般不包括指事字。

三、会意

会意是把两个或两个以上的象形字合起来表达语义的，这种字叫"会意字"。例如：

（1）⊙（日）和 ☽（月）合起来写作 ⊙☽（明），用日月共出表示明亮。

（2）亻（人）和 木（木）合起来写作 休（休），用人靠着大树表示休息。

（3）亻（人）和 弋（戈）合起来写作 伐（伐），用戈在人头上表示杀人。

（4）大（大）和 木（木）合起来写作 乘（乘），用人在树上表示登高。

（5）女（女）和 子（子）合起来写作 好（好），用女人有孩子表示好事。

（6）女（女）和 宀（宀）合起来写作 安（安），用女人在房内表示安定、安全。

（7）女（女）和 爪（爪）合起来写作 妥（妥），用手抚摸女人头部表示安抚。

（8）女（女）和 帚（帚）合起来写作 妇（妇），用女人持帚洒扫表示已婚女人。

（9）𝑓（卩）和𝑓（食）合起来写作𝑓（即），用人跪在食器前表示靠近去吃饭。

（10）𝑓（止）和𝑓（人）合起来写作𝑓（先），用脚在人前表示"先后"之"先"。

（11）𝑓（木）和𝑓（隹）合起来写作𝑓（集），像鸟在树上。

（12）𝑓（火）和𝑓（隹）合起来写作𝑓（焦），像鸟在火上。

（13）𝑓（耳）和𝑓（又）合起来写作𝑓（取），用手拿耳朵表示获取，上古时期战争中抓获俘虏或者狩猎时捕获猎物，都是割取左耳以计功。

（14）𝑓（牛）和𝑓（冂）合起来写作𝑓（牢），意思是把牛圈起来。"牢"字上面原本是用绳子或者木条围起来的栏圈，后来讹变为"宀"了。甲骨文的"牢"字里面不只是牛，还有羊，写作𝑓；以及马，写作𝑓。后来只写作里面是"牛"的字形。有人说是因为牛体型大，又是常见的牲畜，于是用牛取代其它牲畜。

类似的现象还有：

（15）"牡"字，甲骨文写作𝑓，右边是牛，左边是雄性生殖器官，"牡"的本义是公牛。𝑓作为性别标志也用于其他动物，例如：𝑓（公羊），𝑓（公猪），𝑓（公鹿），𝑓（公犬）等。

（16）"牝"字，甲骨文写作𝑓，左边是牛，右边是雌性生殖器官𝑓，"牝"的本义是母牛。𝑓作为性别标志也用于其他动物，例如：𝑓（母羊），𝑓（母猪），𝑓（母犬），𝑓（母马），𝑓（母虎），𝑓（母兔）。

（17）"牧"字，甲骨文写作，左边是牛，右边是手持鞭杆，"牧"的本义是放牧。"牧"字左边还可以是羊，商代晚期铜器铭文的最为象形，后来都写成了"牛"。

还有的字，原本偏旁是不同的动物，后来都写作"豕"，例如：

（18）"逐"字，甲骨文写作，上面是豕，也就是猪，下面是，"逐"的本义是追逐猎物。甲骨文也有写作、、的，上面是犬、兔、鹿，还有上面是两头猪的。赵诚说，后来这些字逐渐合并，因"逐"字用得多就得到了保留，周代以后基本上统一而写作"逐"①。

下面是三个或更多的象形字合起来的会意字，例如：

（19）"解"字，甲骨文写作，由双手、角、牛组成，意思是抓着牛角宰杀分解牛。

（20）"宿"字，甲骨文写作，由房子、人、席子组成，意思是人在房中席垫上睡觉。

（21）"丞"字，甲骨文写作，由陷阱、人、双手组成，意思是双手拯救落入陷阱的人，是"拯救"的"拯"的初文。

（22）"寇"字，西周铜器铭文写作，由房子、人、手和棍棒组成，意思是在房子里用棍棒击人。

（23）"鼓"字，甲骨文写作，由装饰物、鼓身、鼓架、鼓槌、手组成，意思是击鼓奏乐。

---

① 赵诚：《甲骨文字学纲要》第 88 页，中华书局 2005 年。

（24）"磬"字，甲骨文写作，由支架、石磬、手、击槌组成，意思是一种石制的打击乐器。为了强调"磬"是石制的，小篆"磬"字加"石"写作。

（25）"聲(声)"字，甲骨文写作，由支架、石磬、耳、口、手、击槌组成，意思是手持槌击磬发出声音。

（26）"亂(乱)"字，西周铜器铭文写作（爲）[1]，由上下两只手、丝绳、收绞丝绳工具"互"[2]组成，用双手持互缠丝表示在整理乱丝。战国时期加注"乚(乙)"，写作（亂），意思是已经整理好了的。《说文解字》："亂，治也。从乙，乙，治之也；从爲。"（亂，意思是治理。"乙"和"爲"合起来表示字义，"乙"表示把曲乱的治理为通达的。）"乱" 的本义是治理。《论语·泰伯》："武王曰：'予有乱臣十人。'"（武王说，我有治理国家的大臣十人。）

会意字是合体字，其组合的各部分就是偏旁，偏旁源于会意字。

---

① 杨树达释"爲"："余谓字当从爪从又，爪又皆谓手也。爲从爪从又者，人以一手持丝，又一手持互以收之，丝易乱，以互收之，则有条不紊，故字训治训理也。"见《积微居小学述林·卷三》第 89 页，中国科学院出版 1954 年。

② "互"，《说文解字》："笠，可以收绳也。从竹，象形，中象人手所推握也。互，笠或省。"（笠，是可以用来收绞丝绳的工具。"竹"表示字义，"互"像收绞丝绳的工具的形状，中间像人手推握的样子。"互"是"笠"的另一种省略写法。）

四、假借

有一些无形的和抽象的事物无法用象形、指事、会意的方法表达,人们便采用假借的方法,"假"就是"借",就是借用同音或者近音的字来表示,这种字叫"假借字"。例如:

（1）"我"字,甲骨文写作 ,原本是一把带有锯齿的大刀,后借来用作第一人称代词。

（2）"東(东)"字,甲骨文写作 ,原本是用绳索扎住两头的口袋,后借来用作方位词。

（3）"亦"字,甲骨文写作 ,原本是用两点标识人的腋下,后借来用作副词。

（4）"今"字,甲骨文写作 ,原本像有内舌的大木铃,后借来用作时间词。

（5）"萬(万)"字,甲骨文写作 ,原本像蝎子,后借来用作数词。

（6）"豆"字,甲骨文写作 ,原本是盛食物的容器,后借来表示豆菽类的植物及种子。

（7）"干"字,甲骨文写作 ,原本是打仗的盾牌,后借来表示干支。

（8）"鳳(凤)"字,甲骨文写作 ,像高冠长羽的大鸟,后借来表示风。

（9）"耳"字,甲骨文写作 ,原本像耳朵,后借来用作句尾语气词。

（10）"斤"字,甲骨文写作 ,原本像斧头,后借来表示重量单位。

（11）"女"字,甲骨文写作 ,原本像女人跪坐的样子,后借来用作第二人称代词。

（12）"云"字,甲骨文写作 ,原本是天上云朵,后借来表示说话。

（13）"莫"字,甲骨文写作 ,原本是说太阳落入草丛,天色傍晚,后借来用作否定词。

一般来说,假借字和被假借字只是读音上有关系,字义没有关联,上面所例举的字都是如此,但是有的在字义上也有一些联系。

许慎《说文解字·叙》在讲"假借"时说:"假借者,本无其字,依声托事,'令、长'是也。"(假借这种方式,是本来没有这个字,借用声音相同或者相近的字来表达要说的事情,"令、长"这两个字就是这样的。)段玉裁注:"如汉人谓县令曰令、长,县万户以上为令,减万户为长。令之本义,发号也;长之本义,久远也。县令、县长本无字,而由发号、久远之义引申展转而为之,是谓叚借。"(比如汉人把一县之长官叫作"令、长",人口万户以上的叫作"令",万户以下的叫作"长"。"令"的本义是发号令,"长"的本义是久远,"县令、县长"本来没有这个字,是由发号和久远的意思引申展转而来的,这就叫作假借。)段玉裁说"县令、县长本无字,而由发号、久远之义引申展转而为之",那就是说,这些字在被借之时,不仅读音有关系,字义上也有一定联系。因此有人认为，许慎关于假借这个概念讲对了，但"令、长"的例子举错了，词义上有关联的当属引申。

我们来看一下"令、长"二字。

（14）"令"字，甲骨文写作🔔，上面是△，像一个有内舌的大木铃，下面是一个跪着的人，意思是发号令。《诗经·齐风·东方未明》："倒之颠之，自公令之。"（裤子衣裳颠倒了，公家又发了命令。）后由"发号令"引申为官职名。

（15）"長（长）"字，甲骨文写作🔔，像一个长头发的人拄着拐杖，本义是年长。《庄子·大宗师》："子之年长矣，而色若孺子，何也？"（您年纪已经很高了，而面容却像孩子，为什么啊？）后由"年长"引申为官职名。

上面第（8）例说到"风"是"鳳（凤）"假借来的，甲骨文例有：

王其田，遘大风？大吉。（王要去田猎，会遇到大风吗？大吉。合集28554）

甲骨文的"风"字就写作🔔，像一只高冠长羽的大鸟。商承祚说："甲骨文又作🔔，象凤始飞，尘土起扬，故商人叚为风字。"[1] 若是这样，"风"字在词义上和"凤"有所关联，所以也应该属于词义引申。

下面我们继续讲假借。一个字被假借后有两种情况：一

① 商承祚：《说文中之古文考》第33页，上海古籍出版社1983年。

是借去后原先的意思不再使用,例如:

"我"字,借作人称代词后,原本表示大刀的意思消失了。

"東(东)"字,借作方位词后,原本表示口袋的意思消失了。

"亦"字,借作副词后,原本表示腋下的意思消失了。

"今"字,借作时间词后,原本表示木铃的意思消失了。

"萬(万)"字,借作数词后,原本表示蝎子的意思消失了。

另一种是借去之后原先的意思仍在使用,例如:

"耳"字,被借为句尾语气词后,还保留耳朵的意思。《论语·阳货》:"前言戏之耳。"(我刚才说的话只是开玩笑而已。)这个"耳"是句尾语气词。《孟子·滕文公下》:"三日不食,耳无闻,目无见也。"(三天不吃饭,耳朵听不见,眼睛看不到。)这个"耳"是耳朵。

"斤"字,被借为重量单位后,还保留斧子的意思。《史记·魏公子列传》:"朱亥袖四十斤铁椎,椎杀晋鄙。"(朱亥袖子里藏着四十斤重的大铁锥,用铁锥杀了晋鄙。)这个"斤"是重量单位。《左传·哀公二十五年》:"皆执利兵,无者执斤。"(都拿着锐利的兵器,没有兵器的人拿着斧子。)这个"斤"是斧子。

"女"字,被借作第二人称后,还保留女人的意思。《诗经·魏风·硕鼠》:"三岁贯女,莫我肯顾。"(养你多年,不肯照顾我)。这个"女"是第二人称代词。《诗经·周南·关雎》:"窈窕淑女,君子好逑。"(美好善良的女子,是君子的佳偶。)这个"女"是女人。

"莫"字,被借作否定词后,还保留傍晚的意思。《诗经·魏风·硕鼠》:"三岁贯女,莫我肯顾。"(养你多年,不肯照顾我。)这个"莫"是否定词。《礼记·间传》:"故父母之丧,既殡食粥,朝一溢米,莫一溢米。"(所以父母的丧事,大殓停棺后只可喝粥,早上一溢米,傍晚一溢米。)"溢"是容量单位,相当于今天的 100 克。这个"莫"是傍晚。

假借字是通过语音借用已有的字形表义,它不造成新字,所以假借字与偏旁产生没有关系。

五、形声

一个字出现两个意思,就会造成歧义,为了区别不同的意思,人们便在字上添加与词义相关的字作为表义形旁来表示这个字的含义,而本字则作为表音偏旁表示字的读音。例如:

"云"被借为说话的意思后,就在"云"字上添加"雨"写作"雲","雨"表示字义,与天象有关,"云"表示读音。

"莫"被借为否定词后,就在"莫"字上添加"日"写作"暮","日"表示字义,与傍晚有关,"莫"表示读音。

这种由表义和表音偏旁合起来表示字义和字音的造字方法叫作"形声",这种字叫作"形声字","形"指表义偏旁,即"形旁",也叫"形符"或"意符";"声"指表音偏旁,即"声旁",也叫"声符"或"音符"。

大部分形声字是在假借字上加注表义形旁造成的,加注表义形旁有两种情况。

（一）加注表义形旁表示字的本义

例如:在"云"字上添加"雨"写作"雲",表示"云"的本义云朵;在"莫"字上添加"日"写作"暮",表示"莫"的本义傍晚。这类的例子还有:

（1）"蛇"字,甲骨文写作 $\S$（它）,象形字,像蛇之形。后来"它"被借作代词,为了表示本义,添加表义形旁"虫",写作"蛇"。

（2）"源"字,西周铜器铭文写作 $\mathbb{R}$（原）,象形字,像泉水从山崖边流出来。后来"原"被借去表示原野,为了表示本义,添加表义形旁"水（氵）",写作"源"。

（3）"燃"字,战国文字写作 $\S$（然）,会意字,右边是犬,左上是肉,左下是火,意思是用火烤狗肉。后来"然"被借去表示"然否",为了表示本义,添加表义形旁"火",写作"燃"。

（4）"熨"字,战国文字写作 尉（尉）,会意字,右边是手,左边是𡰥（夷）,表示平展,左下是火,意思是手持熨斗把织物熨平展。《说文解字》:"尉,从上案下也。从𡰥,又持火,以尉申缯也。"（尉,意思是从上面按压下面。"𡰥"表示平展,手拿着火,用来熨平缯帛。）后来"尉"被借去表示官名。《汉书·百官公卿表上》:"太尉,秦官,金印紫绶,掌武事。"（太尉,是秦朝的官职,有黄金印章和系印的紫色绶带,掌管战争的事情。）为了表示本义,添加表义形旁"火",写作"熨"。

（5）"採（采）"字,甲骨文写作 Ψ（采）,会意字,意思是手在树上摘取果实。《诗经·唐风·采苓》:"采苓采苓,首阳之巅。"(采苓草啊采苓草,在首阳山顶。)后来"采"被借去表示彩色。《礼记·月令》:"是月也,命妇官染采。"(这个月,让掌管染布的女官把布染成彩色。)为了表示本义,添加表义形旁"手(扌)",写作"採";而表示彩色义的,则添加表义形旁"彡",写作"彩"。段玉裁《说文解字注》:"俗字手采作採、五采作彩,皆非古也。"意思是说,"採"和"彩"都不是原本的字形。

(6)"嘭"字,甲骨文写作 𝌀(彭),指事字,左边的"壴"是鼓,右边的"彡"表示击鼓发出的声音,后来"彭"被借去表示地名,为了表示本义,添加表义形旁"口",写作"嘭"。

(7)"搜"字,甲骨文写作 🜔(叜),会意字,上面是房子,中间是火,下面是手,意思是手持火把在屋中搜索。秦代开始把"叜"写作"叟",后来"叟"被借去表示老人。《孟子·梁惠王上》:"叟,不远千里而来,亦将有以利吾国乎?"(老人家,您不远千里而来,一定有利于我国的高见吧?)为了表示本义,添加表义形旁"手(扌)",写作"搜"。

(8)"耨"字,战国文字写作 𠙹,上面是"辰",下面是手,意思是手持蚌壳除草,上古时期蚌壳是除草种田的农具。后来"辱"借去表示"侮辱"的意思。《商君书·靳令》:"其竟内之民,争以为荣,莫以为辱。"(国境内的百姓争着以从事农耕作战为荣,不认为这样做耻辱了。)为了表示本义,添加表义的形旁"耒"写作"耨","耒"是耕地用的农具。杨树达《积微居小学述林》:"辱字从寸从辰,寸谓手,蓋上古之世,尚无金铁,故手持摩锐之畾以芸除秽草,所谓耨也。"①

（9）"趾"字,甲骨文写作ᕇ(止),象形字,像脚趾的样子。后来"止"被借去表示停止,为了表示本义,添加表义形旁"足",写作"趾"。

（10）"溢"字,甲骨文写作ᗯ(益),会意字,上面是水,下面是皿,意思是水很多漫出器皿。《吕氏春秋·察今》:"澭水暴益,荆人弗知。"(澭水突然上涨,楚国人不知道。)后来"益"被借去表示增益,为了表示本义,添加表义形旁"水(氵)",写作"溢"。

后面两个字,"止"由脚趾义被借去表示停止义,"益"由水漫出器皿义被借去表示增益义,不完全是假借,很大成分是词义引申,是词义引申后添加与词义相关的字表示其本义的。

有一种情况比较少见,是在词义引申后添加声旁表示本义的,例如:

"鼻"字,甲骨文写作ᗷ(自),象形字,像鼻子的形状,甲骨文例有"疾自"一语,是说鼻子有病。

贞:有疾自,佳有它? 贞:有疾自,不佳有它? (贞问:鼻子有病,有灾祸吗? 贞问:鼻子有病,不会有灾祸吧? 合集 11506)

---

① 杨树达:《释"辱"》,《积微居小学述林·卷二》第 50 页,中国科学院出版 1954 年。

《说文解字》："自，鼻也。象鼻形。"（自，意思是鼻子。像鼻子的样子。）大概是因为人们说自己时总是指着鼻子，所以"自"又引申为"自己"。《战国策·齐策》："窥镜而自视，又弗如远甚。"（照镜子看自己，更觉得远远比不上。）后为了表示本义，添加表音声旁"畀"，写作"鼻"。

（二）加注表义形旁表示字的假借义

（1）"贞"字，甲骨文写作 （鼎），象形字，像礼器鼎。"鼎"被借去表示占卜贞问，为了表示假借义"贞"，添加表义形旁"卜"，写作 ，下面的"鼎"因为和"贝"形体相近，后错写成"贝"字。

（2）"雪"字，甲骨文写作 （彗），象形字，像扫帚。"彗"被借去表示下雪，为了表示假借义"雪"，添加表义形旁"雨"，写作 ①。西周铜器铭文又加"彐"写作 ，小篆写作 ，隶书省减为"雪"。

（3）"昇（升）"字，甲骨文写作 （升），象形字，像 （斗）一类的舀酒器。林义光《文源》："升斗所象形同，因加一画为别耳。"是说"升"和"斗"二字所像的物体形状一样，因此加一笔以区别之。《庄子·外物》："君岂有斗升之水而活我哉？"（您能有斗升那样一点儿水救活我吗？）后来"升"被借去表示日出升高，为了表示假借义，添加表义形旁"日"，写作

---

① 李孝定：《从六书的观点看甲骨文字》，《汉字的起源与演变论丛》第 28 页，联经出版事业股份有限公司 1986 年。

"昇"。《广韵》蒸部:"昇,日上。本亦作升。《诗》曰:'如日之升。'升,出也。俗加日。"(昇,意思是太阳升起。原本也写作"升"。《诗经·小雅·天保》说:"像太阳升起。"升,意思是出。俗体加"日"。)

（4）"捨(舍)"字,甲骨文写作 余(舍),象形字,像房屋形,上边是房屋的样子,下面是院墙。后来"舍"被借去表示舍弃,为了表示假借义,添加表义形旁"手(扌)",写作"捨"。《说文解字》:"捨,释也。从手,舍声。"(捨,意思是放下。"手"表示字义,"舍"表示读音。)段玉裁注:"释者,解也。按经传多段舍为之。"(释,意思是松开。典籍中常假借"舍"来表示。)

（5）"唯"字,甲骨文写作 隹(隹),象形字,像鸟形。后来"隹"被借为发语词,为了表示假借义,添加表义形旁"口",写作 唯(唯)。

（6）"纯"字,甲骨文写作 屯(屯),像植物刚生根发芽时的样子。后来"屯"被借去表示蚕丝,指同一颜色的丝织品,为了表示假借义,战国时期加"纟"写作 纯,即"纯"字。

（7）"狮"字,最早写作"師(师)",构形不明,泛指军队。《说文解字》:"师,二千五百人为师。"《周礼·地官·小司徒》:"五人为伍,五伍为两,四两为卒,五卒为旅,五旅为师,五师为军。"汉朝时狮子引进中国,人们借同音的"师"字称其为"师子"。为了表示假借义,添加表义的形旁"犭",写作"狮"。

（8）"娶"字,原本写作"取",本义是割取俘虏或者猎物的左耳,会意字。后用于所有东西的拿取。《诗经·豳风·七月》:

"取彼狐狸，为公子裘。"（把那个狐狸抓住，为公子做皮衣。）后来"取"被借去表示取女人做妻子。《诗经·齐风·南山》："取妻如之何？必告父母。"（娶妻子该当如何？一定要先告诉父母。）为了表示假借义，添加表义形旁"女"，写作"娶"。《说文解字》："娶，取妇也。从女，从取，取亦声。"（娶，意思是取女人做妻子。"取"和"女"合起来表示字义，"取"也表示读音。）

（9）"婚"字，原本写作"昏"，甲骨文写作 ，会意字，上面是"氐"，意思是低下；下面是"日"。"氐"和"日"合起来意思是太阳低下，即天色昏暗时。《说文解字》："昏，日冥也。"（昏，意思是太阳落山的时候。）母系社会，男从女居，父系社会反之，在过渡时期，出现掠夺女性为妻的抢婚现象。抢婚当在黄昏时，后来婚礼在黄昏时举行，据说就是上古抢婚之遗风。因为婚礼在黄昏时举行，所以"昏"被借去表示结婚。《诗经·邶风·谷风》："燕尔新昏，如兄如弟。"（安乐的新婚，夫妻如兄弟一般。）为了表示假借义，添加表义形旁"女"，写作"婚"。《说文解字》："婚，妇家也。《礼》：娶妇以昏时……从女，从昏，昏亦声。"（婚，意思是妻子的家。《礼》说，娶妻应在黄昏时……"女"和"昏"合起来表示字义，"昏"也表示读音。）

后面两个字，"取"由拿取义被借为娶妻义，"昏"由黄昏义被借为结婚义，不完全是假借，很大成分是词义引申，是词义引申后添加与词义相关的字表示其引申义的。

下面的字也是引申。

（10）"影"，原本写作"景"，形声字，本义是日光。《说文解字》："景，日光也。从日，京声。"（景，意思是太阳光。"日"表示字义，"京"表示读音。）日光照在物体上出现影子，于是引申为影子。《周礼·地官·大司徒》："正日景，以求地中。"（校正日影，以求得地中央的位置。）为了表示引申义，添加表义形旁"彡"，写作"影"。

（11）"悯"，原本写作"闵"，形声字，本义是吊唁。《说文解字》："闵，弔者在门也。从门，文声。"（闵，意思是吊唁的人在门口。"门"表示字义，"文"表示读音。）段玉裁注："引申为凡痛惜之辞，俗作悯。"吊唁使人难过，于是引申为痛惜、怜悯。《诗经·周颂·闵予小子》："闵予小子，遭家不造。"（可怜我年少，家中遭不幸。）为了表示引申义，添加表义形旁"心（忄）"，写作"悯"。

（12）"懈"，原本写作"解"，会意字，是由"双手、角、牛"组成，意思是抓着牛角宰杀分解牛。《庄子·养生主》："庖丁为文惠君解牛。"（有个叫丁的厨师给文惠君宰杀牛。）后来，"解"由分解牛体引申为人心理上的松懈、懈怠。《诗经·大雅·烝民》："夙夜匪解，以事一人。"（从早到晚不懈怠，服事周天子。）为了表示引申义，添加形旁"心（忄）"，写作"懈"。《说文解字》："懈，怠也。从心，解声。"（懈，意思是懈怠。"心"表示字义，"解"表示读音。）段玉裁注："古多叚解爲之。"（古代多借"解"来表示。）

王力《古代汉语》举有"辟"字在古书中假借为五种不同含义的例证：

《左传·宣公二年》："从台上弹人，而观其辟丸也。"（从高台上用弹弓射人，看人们躲避弹丸。）

《孟子·梁惠王上》："欲辟土地，朝秦楚，莅中国而抚四夷也。"（想扩张开辟疆土，使秦国和楚国来朝拜，君临中原而安抚四周的民族。）

《孟子·梁惠王上》："苟无恒心，放辟邪侈，无不为已。"（如果没有固定生活的信心，就会放荡任性，坏事没有不干的。）

《论语·季氏》："友便辟，友善柔，友便佞，损矣。"（同惯于走邪道的人交朋友，同善于阿谀奉承的人交朋友，同惯于花言巧语的人交朋友，这是有害的。）

《礼记·中庸》："君子之道，辟如行远，必自迩；辟如登高，必自卑。"（君子的中庸之道，譬如走远路，必从近处开始；譬如登高山，必从低处开始。）

这五个句子里的"辟"字，后来加注形旁，分别写作"避""闢""僻""嬖""譬"①。其实，"欲辟土地"的"辟"原本就写作"闢"，本义是双手推开房门，"辟"是后加的声符（见后面"闢"字的解说），后来引申为开拓、开辟，典籍中省写作"辟"。

"辟"字，甲骨文写作 𔕰，左边是一个跪着的人，右边的"辛"表示刑具，意思是在给跪着的人施加刑罚。上古时期在俘虏或有罪之人面部刺上标识，叫作"黥刑"，"辛"是实施黥刑的工具，也是罪人的标志。上面 5 个句子里的"辟"字与其

---

① 王力主编：《古代汉语》（校订重排版）第 171 页，中华书局 1999 年。

本义"施加刑罚"没有关系。

张世禄说:"我们从古文字学的研究,又可以见到一个常例:后代所通行的形声字,在金石甲骨的刻文上往往原来就用它们声旁字的假借,并不必另加形旁;如'且'为古祖字,'屯'为古纯字,'赏(赏)'为古偿(偿)字……所以后代在文字上认定的形声一例,最初原来只是一种借字表音的办法;大部分的形声字就在这种表音的字体上另加表意的形旁而组合成功的。"①

形声字的构成除了上面讲的假借和引申以外,还有以下几种方式。

(三)在象形字上添加表示读音的声符构成形声字

象形字在长期使用中有的读音弱化了,为了明确字音,加注声符,例如:

(1)"鳳(凤)"字,甲骨文写作 🦚,象形字,像一只高冠长羽的大鸟。后来为了强化读音,就在鸟旁加注表示读音的声符 𠂤(凡),写作 🦚,成为"从鸟,凡声"的形声字,小篆 鳳(鳳)即来源于此。简化字写作"凤"。

(2)"雞(鸡)"字,甲骨文写作 🐔,象形字,像一只高冠振羽的公鸡。后来为了强化读音,就在鸡旁加注表示读音的声符 𡗕(奚),写作 🐔,成为"从隹,奚声"的形声字,小篆的 雞(雞)或 鷄(鷄)即来源于此。简化字写作"鸡"。

---

① 张世禄:《中国音韵学史》上册第 46 页,上海书店 1984 年。

（3）"虹"字，甲骨文写作⌒，象形字，像虫的形状，古人以为虹是虫，从天上下到江河饮水。春秋时期添加表示读音的"工"字，小篆写作虹，成为"从虫，工声"的形声字。

（4）"齒（齿）"字，甲骨文写作𦥑，象形字，像两排牙齿。战国时期添加表示读音的"止"写作𦥑，小篆写作齒，成为"从齒，止声"的形声字。简化字写作"齿"。

（5）"樂（乐）"字，甲骨文写作𢆶，象形字，像丝附在木上的琴瑟类乐器。西周铜器铭文加注表示读音的"白"，写作樂①。小篆写作樂，成为"从𢆶，白声"的形声字。简化字写作"乐"。

（6）"貌"字，商代晚期铜器铭文写作𦣻，象形字，像一个人的脸型和身体，本义是指人的容貌。后来又增加表示读音的"豹"，写作"貌"，成为"从𦣻，豹声"的形声字，"豹"做声旁时省去了"勺"字。

（7）"裘"字，甲骨文写作𧚍，象形字，像毛在外的皮衣，本义是兽皮制作的衣服。西周铜器铭文增加表示读音的"又"，写作求；再往后，外面的𧚍简写作衣（衣），里面的"又"被写作读音更为准确的"求"，于是成为"从衣，求声"的形声字。

（8）"鬥（斗）"字，甲骨文写作鬥，象形字，像两个怒发冲冠

---

① 刘钊：《古文字构形学》第80页，福建人民出版社2006年。罗振玉《增订殷墟书契考释》说："樂"字"从丝附木上，琴瑟之象也。或增θ以象调弦之者"。认为中间的"白"是调弦之器。转引自李圃主编：《古文字诂林》第5册第940页，上海教育出版社2002年。

的人在搏斗。后来字形演变得与"門(门)"字相近,于是加声符"斳"写作"鬭",成为"从鬥,斳声"的形声字。也有写作"鬪"的,"鬪"或简写作"鬦","鬦"字最早见于元代,再后来,又省写作"閗","閗"字见于明代,最后省去"门"字旁,直接写作"斗"了。①

也有的是先加注声符表音,再加注形符表义,例如:

(1)"箕"字,甲骨文写作 ,象形字,像簸箕形状,本义是簸箕。甲骨文虽然不见"其"表示簸箕的用法,但是在 (弃)、(粪)等字中,可以看到"其"用作簸箕的用法。"其"在甲骨文中主要假借做语气副词,例如:

己丑卜,韦贞:今日其雨? 贞:今日不雨? (己丑日占卜,贞人韦问:今天大概会下雨么? 贞问:今天不会下雨么? 合集 12053)

西周铜器铭文加声符"丌",写作 ,成为"从 ,丌声"的形声字。小篆又加形旁"竹",写作 ,表示原本的簸箕义。《说文解字》:"箕,簸也。从竹;闵,象形;下其丌也。"(箕,意思是簸箕。"竹"表示字义,"闵"像簸箕的形状,下部是簸箕垫座"丌"。)《礼记·学记》:"良弓之子,必学为箕。"(好的制弓匠人的孩子,一定先要学制作畚箕。)

---

① 邵鸿、邵冠勇:《简化汉字解说》第 154 页,齐鲁书社 2010 年。张书岩等编著:《简化字溯源》第 102 页,语文出版社 1997 年。

（2）"擒"字，甲骨文写作 𐐇，象形字，像长柄有网的狩猎工具，本义是"捕获（鸟兽）"，动词。例如：

> 贞：王梦 𐐇，不隹祸？（贞问：王做梦去擒猎，不会有灾祸吧？ 合集 17387）

西周铜器铭文加注声符"今"，写作 𐐇，成为"从 𐐇，今声"的形声字。《逸周书·世俘解》："武王狩，禽虎二十有二。"（武王狩猎，擒获二十二只老虎。）后"禽"引申为"捕捉的对象，猎物"，名词，《孟子·滕文公下》："终日而不获一禽。"（一整天没有捕获一只猎物。）于是又加注"手"字旁，写作"擒"，表示原本的擒获义。

（3）"網（网）"字，甲骨文写作 网，象形字，像捕鱼、捕鸟的网。《说文解字》："网，庖牺所结绳以渔。 从冂，下象网交文。"（网，意思是庖牺用来结绳捕鱼的工具。"冂"表示字义，下面像交织的网眼。）战国时期加注声符"亡"，写作 网（冈），成为"从网，亡声"的形声字。《周易·系辞下》："作结绳而为罔罟，以佃以渔。"（把绳子打结做成网，用来打猎，用来捕鱼。）由于"罔"字被假借为"无、没有"等否定词，于是又添加形符"糸（纟）"写作"網"，表示原先的捕鱼、捕鸟的意思。《说文解字》在"网"后面附有加注声符"亡"的 网（冈），和又加注形符"糸"的 網，不过"糸"是在"冈"里面。简化字写作"网"。

（四）在会意字上添加表示读音的声符构成形声字

会意字在长期使用中有的读音弱化了，为了明确字音，加注声符。例如：

（1）"耤"字，甲骨文写作![字形]，左边是伸出手臂的人和突显的脚趾，右边是耕地用的耒，会意字，意思是人持耒，以脚踏耒，翻耕土地。西周铜器铭文添加表示读音的"昔"，写作![字形]，成为"从![字形]，昔声"的形声字。

（2）"寶（宝）"字，甲骨文写作![字形]，会意字，意思是室内有贝、有玉。商代晚期铜器铭文有添加表示读音的"缶"写作![字形]的，成为"从![字形]，缶声"的形声字，小篆![字形]（寶）来源于此。简化字写作"宝"。

（3）"薅"字，甲骨文写作![字形]，会意字，像手里拿着蚌制农具去割草。后添加表示读音的"好"，写作"薅"，成为"从蓐，好声"的形声字。《说文解字》："薅，拔去田艸也。从蓐，好省声。"（薅，意思是拔去田间的草。"蓐"表示字义，"好"表示读音，"好"做声旁时省去右边的"子"。）

（五）把会意字其中一个表义形符换成表音的声符，成为形声字

（1）"望"字，甲骨文写作![字形]，会意字，意思是一个人站在土堆上遥望。为了强化远望义，西周铜器铭文添加"月"字，写作![字形]（朢）。后来为了提示字音，把表示眼睛的"臣"换成表示读音的"亡"，写成了![字形]（望），成为用"亡"做声旁的形声字。

（2）"闢（辟）"字，西周铜器铭文写作![字形]，会意字，意思是双手推开房门。小篆把表示双手的"廾"换成表示读音的"辟"，写作"闢"。《说文解字》:"闢,开也。从门,辟声。𨳲,《虞书》曰:'闢四门。'从门,从𡚬。"(闢,意思是开门。"门"表示字义,"辟"表示读音。《虞书》说:"打开四门。"𨳲,是古文写法,"门"和"𡚬"合起来表示字义。)段玉裁注:"'虞书曰闢四门',按此六字当在'从门,辟声'之下。"("虞书曰闢四门",这六个字应当放在"从门,辟声"的后面。)

（3）"泅"字,甲骨文写作𡲳,会意字,意思是人在水中游泳。后来把"子"换成表示读音的"囚",写作"从氵,囚声"的形声字。《说文解字》:"汓,浮行水上也。从水,从子。泅,汓或从囚声。"(汓,意思是在水中游泳。"水"和"子"合起来表示字义。泅,"汓"的异体写作"囚"字旁,"囚"表示读音。)

会意字形看不出读音,于是改部分形旁为声旁,这种现象甲骨文已有出现。黄天树说:"攴"字,"甲骨文作𢼊,字形表示手持棍棒一类东西作敲击状。卜辞有用其本义者。在后冈出土的一版卜骨上刻有'丙辰攴禾'(《合》22536)一辞,'攴'当'小击'讲。'攴禾'当指谷物之脱粒言之。后来有意把手中所持棍棒形'丨'改成字形相近的'卜',是为了使它兼有表音作用。"[1]

---

① 黄天树:《〈说文解字〉部首与甲骨文》,《黄天树古文字论集》,学苑出版社 2006 年。转引自胡安顺主编:《说文部首段注疏义》上册第 128 页,中华书局 2018 年。

（六）脱离原先的指事字或会意字形体，新造一个形旁加声旁的形声字

（1）"腋"字，原本写作"亦"，前面讲了，是指事字。后来"亦"借用为副词，于是另造"从月，夜声"的"腋"，为形声字。《玉篇》肉部："腋，肘腋也。"（腋，意思是胳膊腋窝处。）

（2）"创"字，西周铜器铭文写作 ♫（刅），是"刃"上添加一点，标识刀刃伤人之事，是指事字。小篆时出现"从刀，仓声"的"创"，为形声字。《说文解字》："刅，伤也。从刃，从一。创，或从刀，仓声。"（刅，意思是创伤。"刃"和"一"合起来表示字义。"创"是"刅"的另一种写法，"刀"表示字义，"仓"表示读音。）

（3）"浴"字，甲骨文写作 ♫，会意字，意思是人在盆中淋浴，上面是淋浴的水滴。后写作"从水，谷声"的"浴"，为形声字。《说文解字》："浴，洒身也。从水，谷声。"（浴，意思是洗澡。"水"表示字义，"谷"表示读音。）

（4）"沉"字，甲骨文写作 ♫，或者 ♫，会意字，意思是牛、羊沉入水中，是古代一种祭祀形式。西周铜器铭文写作"从水，尤声"的 ♫，为形声字，后来俗字写作"沉"。

（5）"刖"字，甲骨文写作 ♫，会意字，意思是用锯状刀具截去腿脚，是古代一种刑罚。战国时期写作"从刀，月声"的 ♫，为形声字。《说文解字》："刖，绝也。从刀，月声。"（刖，意思是断绝。"刀"表示字义，"月"表示读音。）

（6）"獲（获）"字，甲骨文写作 ♫，会意字，意思是手里抓住鸟。商代晚期铜器铭文写作🐎，最为象形，隶定①为"隻"。后来，"隻"又表示捕获猎物的数量。战国时期出现"从犬，蒦声"的"獲"，为形声字。《说文解字》："獲，猎所獲也。从犬，蒦声。"（获，意思是打猎获得的猎物。"犬"表示字义，"蒦"表示读音。）

（7）"闻"字，甲骨文写作🧎，会意字，一个人跪坐在那里，掩口、附耳，意思是安静地在听。战国时期出现"从耳，门声"的"聞"，为形声字。《说文解字》："聞，知聞也。从耳，门声。"（闻，意思是听到。"耳"表示字义，"门"表示读音。）

（8）"沫"字，甲骨文写作🫧，会意字，像一个人就着盆子用手洒水在脸上，意思是洗脸。小篆写作"从水，未声"的"沫"，为形声字。《说文解字》："沫，洒面也。从水，未声。湏，古文沫从页。"（沫 huì，意思是洗脸。"水"表示字义，"未"表示读音。湏，古文的"沫"字是"页"字旁。）

（七）字形表义不明显，加注表义偏旁构成形声字

（1）"掬"字，西周铜器铭文写作匊（匊），会意字，像手里捧着米。《说文解字》："匊，在手曰匊。从勹、米。"（匊，意思是米在手中叫作匊。"勹"和"米"合起来表示字义。）段玉裁注："米至散，两手兜之而聚。俗作掬。"（米是散状的，两只手捧住才能聚起来。俗体写作"掬"。）《诗经·小雅·采绿》："终朝

---

① "隶定"是把甲骨文、铜器铭文、小篆等古文字形体用隶书笔法写出来，定为今文字字形，后来用楷书笔法写出的，仍称为"隶定"。

采绿,不盈一匊。"（采了一整天的荩草,还不满一捧。）大概原本表示手的"勹"看不出手的意思[1],于是又加"手(扌)",写作"掬",现代字典说是"从扌,匊声"[2]。

（2）"祖"字,甲骨文写作👤,像祭祀祖先的牌位。后来为了明确祭祀义,加"示"字写作👤(祖)。《说文解字》:"祖,始庙也。从示,且声。"（祖,意思是祭祀始祖的庙。"示"表示字义,"且"表示读音。）一说是雄性生殖器。

关于形声字的产生,裘锡圭说:"形声字起初都是通过在已有的文字上加注定符或者音符而产生的,后来人们还直接用定符和音符组成新的形声字。不过就汉字的情况来看,在已有的文字上加注定符或音符,始终是形声字产生的主要途径。"[3]

不过,《说文解字》中有一些许慎认为是形声字的,其实是象形字、会意字或指事字,因为字的形体发生变化,小篆时看不出其象形、会意、指事的意思,许慎就用形声来说解,例如:

（1）"育"字,甲骨文写作👤,上面是"女人",下面是头朝下的小孩子,意思是女人生孩子,旁边的小点表示血水,会意

---

① 李学勤主编《字源》第 801 页 (天津古籍出版社 2012 年)"匊"字下说:西周金文匊字从勹从米,与从勹(包) 无关,勹旁也许是从彐(手) 形之讹。

② 曹先擢、苏培成主编:《汉字形义分析字典》第 274 页,北京大学出版社 1999 年。

③ 裘锡圭:《文字学概要》(修订本) 第 7 页,商务印书馆 2013 年。

字。小篆写作 𰋊，《说文解字》："育，养子使作善也。从㐬，肉声。"（育，意思是培养孩子使其做好事。"㐬"表示字义，"肉"表示读音。）许慎说"育"是养子使作善，不确；说"从㐬，肉声"，不对。

（2）"穆"字，甲骨文写作 𮣷，像有芒刺的谷穗饱满下垂之形，象形字。一说是向日葵①。西周铜器铭文写作 𮣸，加的"彡"字为装饰笔画。小篆写作 𮣹，《说文解字》："穆，禾也。从禾，㣙声。"（穆，禾名。"禾"表示字义，"㣙"表示读音。）许慎说"穆"是禾名，是对的；说"从禾，㣙声"，不对。

（3）"盡（尽）"字，甲骨文写作 𮣺，上面是手里拿着一把刷子，下面是容器，意思是手拿刷子清洗空的容器，会意字。小篆写作 𮣻，《说文解字》："盡，器中空也。从皿，㶿声。"（盡，意思容器中是空的。"皿"表示字义，"㶿"表示读音。）许慎说"盡"是器中空，是对的；说"从皿，㶿声"，不对。

（4）"彭"字，甲骨文写作 𮣼，左边是鼓，上部是装饰物，下部是支架；右边的"彡"是敲鼓的声音，意思是鼓声，指事字。《说文解字》："彭，鼓声也。从壴，彡声。"（彭，意思鼓声。"壴"表示字义，"彡"表示读音。）许慎说"彭"是鼓声，是对的；说"从壴，彡声"，不对。

偏旁早期多是独体的，笔画简单，例如：会意字"休"的"人（亻）"和"木"、"好"的"女"和"子"；形声字"沐"的"水

---

① 汤可敬：《说文解字今释》第 951 页，岳麓书社 2001 年。

（氵）"和"木"、"汝"的"水（氵）"和"女"，后来许多偏旁是合体的,笔画逐渐繁复,例如:

（1）"撕"的声旁是"斯","斯"是形声字,《说文解字》:"斯,析也。从斤,其声。《诗》曰:'斧以斯之。'"（斯,意思是劈开。"斤"表示字义,"其"表示读音。《诗经·陈风·墓门》说:"用斧头劈开它。"）后来在"斯"字上加形符"手（扌）"构成"撕"。在"斯"字上加形符构成形声字的还有"厮、嘶"等。

（2）"滩"的声旁是"难","难"是形声字,繁体字写作"難"。西周铜器铭文写作🐦,右边是"佳","佳"是短尾巴鸟,左边是声旁"堇","难"本义是鸟。《说文解字》:"鸛,鸟也。从鸟,堇声。鸛,鸛或从佳。"（鸛,鸟名。"鸟"表示字义,"堇"表示读音。鸛,鸛也写作"佳"字旁。）段玉裁注:"今为难易字,而本义隐矣。"（现在用作难易之难,而本义不使用了。）后来在"难"字上加形符"水（氵）"构成"滩"。在"难"字上加形符构成形声字的还有"摊、瘫"等。

（3）"湖"的声旁是"胡","胡"是形声字,《说文解字》:"胡,牛顄垂也。从肉,古声。"（胡,意思是牛脖子下的垂肉。"月"表示字义,"古"表示读音。）后来在"胡"字上加形符"水（氵）"构成"湖"。在"胡"字上加形符构成形声字的还有"糊、蝴、瑚、煳、葫、醐、鹕、猢、衚"等。

（4）"昭"的声旁是"召","召"是形声字,《说文解字》:"召,評也。从口,刀声。"（召,意思是呼唤。"口"表示字义,"刀"表示读音。）后来在"召"字上加形符"日"构成"昭"。

在"召"字上加形符构成形声字的还有"招、沼、诏、绍、邵、韶、苕"等。在"昭"字上再加形符"火（灬）"即构成"照"字。

有些偏旁的笔画相当繁复，例如："赢"字的声旁"羸"，13 画；"瀛"字的声旁"嬴"，16 画；"囔"字的声旁"囊"，22 画。《现代汉语通用字表》中的 7000 个字中笔画最多的是"齉"字，36 画，从鼻，囊声，意思是"鼻子不通气，发音不清"，它的形旁和声旁都是合体，而且笔画都非常多。

六、转注

"转注"历来有很多说法，至今没有定论，而且涉及的字很少，《说文解字》里面也只举了"考、老"二字。这里我们不讨论转注，不影响对偏旁的解说。其实，"考"和"老"本是一个字。

（1）"老"字，甲骨文写作𦦎，像拄着拐杖的长发人。《说文解字》："老，考也。七十曰老。从人、毛、匕，言须发变白也。"（老，意思是考。年龄七十叫作老。"人、毛、匕"合起来表示字义，是说胡须头发变白了。）

（2）"考"字，甲骨文也写作𦦎，像拄着拐杖的长发人。《说文解字》："考，老也。从老省，丂声。"（考，意思是老。"老"表示字义，"老"作形旁时省去下面的"匕"，"丂"表示读音。）

"考"和"老"二字形体一样，意思也一样，都指年纪大的人。后来"老"下面的拐杖写成了"匕"，"考"下面的拐杖写成了"丂"，"丂"被认为是表示读音的声符，于是"老、考"成为两个字,一个会意,一个形声。

七、小结

综上所述,偏旁是在造字过程中产生的,最早源于会意字,后来大量构成形声字。会意字偏旁都是表义的形旁,形声字偏旁分为表义形旁和表音声旁。

象形字是独体的,原本没有偏旁,但是有些象形字早期是独体,后来形体发生变化,分化出了偏旁,其实应该说是分化出了部件(关于部件,下编第七节"偏旁与部件的问题"有详细说明),成了合体字,例如"桑、泉、帚"三字。

(1)"桑"字,甲骨文写作像桑树枝叶茂盛。战国文字写作小篆写作枝叶和树干分开,上面写作"叒",下面写作"木"。

(2)"泉"字,甲骨文写作像水从泉眼中涌出。上面原本是泉眼,小篆写作隶楷写作上"白"下"水"。

(3)"帚"字,甲骨文写作像一把用草扎成的扫帚。小篆写作隶楷写作"彐、冖、巾"。

假借字是借已有的字形表示字义,和偏旁产生没有关系。那么,指事字有没有偏旁呢? 我们认为,有,特别是现代汉字中形体明显可以拆分讲解的指事字,例如:"旦"字的"日","刃"字的"刀","血"字的"皿","本"字的"木","彭"字的"壴"等,都是表义的偏旁。

第三节　偏旁的功能

偏旁的功能是表义和表音,形旁表义,声旁表音。

会意字的偏旁都表义:

（1）"明"字,"日、月"都表示字义。

（2）"好"字,"女、子"都表示字义。

（3）"安"字,"宀、女"都表示字义。

（4）"伐"字,"亻、戈"都表示字义。

（5）"休"字,"亻、木"都表示字义。

（6）"妥"字,"爫、女"都表示字义。

（7）"取"字,"耳、又"都表示字义。

形声字的形旁表义,声旁表音:

（1）"摧"字,"扌"表示字义,"崔"表示读音。

（2）"评"字,"讠"表示字义,"平"表示读音。

（3）"沐"字,"氵"表示字义,"木"表示读音。

（4）"吐"字,"口"表示字义,"土"表示读音。

（5）"芳"字,"艹"表示字义,"方"表示读音。

（6）"闷"字,"心"表示字义,"门"表示读音。

（7）"淹"字,"氵"表示字义,"奄"表示读音。

　　偏旁的基本功能大家都明白,毋庸赘述,这里要讲的是偏旁的特殊功能,即"亦声"。

一、亦声

《说文解字》在讲会意字时,时常出现"从某,从某,某亦声"或者"从某、某,某亦声"的说法,"从某,从某"或"从某、某"是说这个字是会意字,"某亦声"是说其中一个形旁也表示读音。例如:

(1)"姓"字,《说文解字》:"姓,人所生也。古之神圣母,感天而生子,故称天子。从女,从生,生亦声。"(姓,意思是人所出生的氏族。古代神圣的母亲,被天神感动而生孩子,因此称为"天子"。"女"和"生"合起来表示字义,"生"也表示读音。)

(2)"婢"字,《说文解字》:"婢,女之卑者也。从女,从卑,卑亦声。"(婢,意思是女人中地位低下的人。"女"和"卑"合起来表示字义,"卑"也表示读音。)

(3)"坪"字,《说文解字》:"坪,地平也。从土,从平,平亦声。"(坪,意思是地面平坦。"土"和"平"合起来表示字义,"平"也表示读音。)

(4)"酣"字,《说文解字》:"酣,酒乐也。从酉,从甘,甘亦声。"(酣,意思是因喝酒而快乐尽兴。"酉"和"甘"合起来表示字义,"甘"也表示读音。)

(5)"汲"字,《说文解字》:"汲,引水于井也。从水,从及,及亦声。"(汲,意思是从井里提水。"水"和"及"合起来表示字义,"及"也表示读音。)

（6）"酒"字，《说文解字》："酒，就也，所以就人性之善恶。从水，从酉，酉亦声。"（酒，意思是迁就，是用来迁就满足人性善良和丑恶的饮料。"水"和"酉"合起来表示字义，"酉"也表示读音。）

（7）"返"字，《说文解字》："返，还也。从辵，从反，反亦声。"（返，意思走回来。"辵"和"反"合起来表示字义，"反"也表示读音。）

（8）"授"字，《说文解字》："授，予也。从手，从受，受亦声。"（授，意思是给予。"手"和"受"合起来表示字义，"受"也表示读音。）

（9）"墨"字，《说文解字》："墨，书墨也。从土，从黑，黑亦声。"（墨，意思是书写用的墨块。"土"和"黑"合起来表示字义，"黑"也表示读音。）

（10）"忘"字，《说文解字》："忘，不识也。从心，从亡，亡亦声。"（忘，意思不记得了。"心"和"亡"合起来表示字义，"亡"也表示读音。）

（11）"贫"字，《说文解字》："贫，财分少也。从贝，从分，分亦声。"（贫，意思是财物分而少之。"贝"和"分"合起来表示字义，"分"也表示读音。）

（12）"珥"字，《说文解字》："珥，瑱也。从玉、耳，耳亦声。"（珥，意思是"瑱"。"玉"和"耳"合起来表示字义，"耳"也表示读音。）"珥"是玉制的耳坠，也叫"瑱"。瑱，《说文解字》说"以玉充耳也"，是古代冠冕两边下垂的玉质饰物，可用来充耳，也就是现在的耳塞。

前面我们讲到的"娶、婚"二字也是亦声字，《说文解字》："娶，取妇也。从女，从取，取亦声。"《说文解字》："婚，妇家也……从女，从昏，昏亦声。"

二、声兼义

"亦声"其实应该是"声兼义"，是形声字的声旁兼表字义。同样是"娶"字，段玉裁《说文解字注》："娶，取妇也。取彼之女为我之妇也。经典多段取为娶。从女，取声。说形声包会意也。"（娶，意思是取妻，取别人家的女人做我的妻子。经典中多借"取"表示"娶"。"女"表示字义，"取"表示读音，是形声字里面有会意的成分。）

我们知道有些字的声旁原本是独自表义的，被假借或引申为别的意思后，加注形符成为形声字，它们的声符仍然具有表义的作用，这类字就是"声"兼"义"。下面看一个例子。

（13）"琀"字，《说文解字》："琀，送死口中玉也。从玉，从含，含亦声。"（琀，意思是送终时在死人口中放的玉。"玉"和"含"合起来表示字义，"含"也表示读音。）古代中国有在死人口中含珠玉的殡葬文化，《说苑·修文》："天子唅实以珠，诸侯以玉，大夫以玑，士以贝，庶人以谷实。"（天子死，口里含珠；诸侯死，口里含玉；大夫死，口里含玑；士死，口里含贝；庶人死，口里含谷物。）许慎说"琀"是"亦声"，其实"琀"字经典中原本就只写作"含"。《公羊传·文公五年》："含者何？口实也。"

（"含"是什么？死者口中所含之物。）《穀梁传·隐公元年》:"玉贝曰含。"（送终时在死人口中放的玉贝叫作"含"。）由于"含"也表示一般的衔在嘴里，不吐出也不咽下，《史记·三代世表》:"有燕衔卵堕之，契母得，故含之，误吞之，即生契。"（有燕子衔的鸟蛋落下，契母得到，含在口中，不小心吞了下去，于是生了契。）后来为了专表死人口中含的玉，加"玉"写作"琀"，或加"口"写作"唅"，"琀"的声符"含"兼表字义。本节第四部分"声符表义的合理性"中还有例证。

一个偏旁既表义也表音，是会意字的形旁兼表读音还是形声字的声旁兼表字义？从大多数"亦声"字的成因来看，应该是形声字的声旁兼表字义。郭锡良说:"其实，这种亦声字，从汉字发展的总趋势来看，都应该看作形声字。声符兼表意的，并不限于许慎所提出的亦声字。"[1]

《说文解字》还有一些未注明"亦声"的字，它们的声旁也是表义的，也属于声兼义。例如:

（14）"客"字，《说文解字》:"客，寄也。从宀，各声。"（客，意思是寄居在别人家。"宀"表示字义，"各"表示读音。）王筠《说文句读》:"寄"乃"偶寄于是，非久居也"。（偶尔寄住在这里，不是长久居住。）唐白居易《雨夜有念》:"吾兄寄宿州，吾弟客东川。"（我哥哥寄居在宿州，我弟弟客居东川。）

---

[1] 郭锡良:《汉字知识》第 90 页，北京出版社 1981 年。

其实，"客"字的声旁"各"字本身就有"来"的意思。"各"字，甲骨文写作 ，像脚从外面走进来，上面的"夂"是脚，下面的"口"代表半穴居的坎穴 ，本义是到来。甲骨文有："大水不各？其各？"（大水不会来吧？大水会来吗？）西周铜器铭文有："旦，王各大室。"（早晨，王来到大室。）后来加"宀"写作"客"。

（15）"逆"字，《说文解字》："逆，迎也。从辵，屰声。关东曰逆，关西曰迎。"（逆，意思是迎接。"辵"表示字义，"屰"表示读音。关东人说"逆"，关西人说"迎"。）宋苏轼《留侯论》："楚庄王伐郑，郑伯肉袒牵羊以逆。"（楚庄王征伐郑国，郑伯脱去上衣裸露身体、牵了羊来迎接。）

其实，"逆"字的声旁"屰"字就有"迎"的意思。"屰"字，甲骨文写作 ，上面是一个倒着的"人"，下面是脚，像迎着一个人走去，意思是迎接，后来加"彳"写作 。

（16）"俘"字，《说文解字》："俘，军所获也。从人，孚声。《春秋传》曰：'以为俘聝。'"（俘，意思是军队擒获的敌人。"人"表示字义，"孚"表示读音。《春秋传》说："以致成为俘虏。"）

其实，"俘"字的声旁"孚"就是俘虏的意思。"孚"字，甲骨文写作 ，上边是"手"，下边是"子"，像手逮人。也有加"彳"字旁写作 ，强调在路上所抓获，即战争中抓获的俘虏。后来加人（亻）写作"俘"，王国维《观堂集林·鬼方昆夷猃狁考》:"孚即俘之本字。"①

（17）"酌"字，西周铜器铭文写作，左边是"酉"，像盛酒器，右边是"勺"，像舀酒的器具。《说文解字》:"酌，盛酒行觞也。从酉，勺声。"（酌，意思是盛酒在觯中喝酒。"酉"表示字义，"勺"表示读音。）段玉裁注:"盛酒于觯中以饮人曰行觞。"（盛酒在觯中来劝人喝酒叫作行觞。）

其实，"酌"的声旁"勺"字就是盛酒于觯的意思。《说文解字》:"勺，挹取也。象形。"（勺，意思是舀取。象勺子形。）"勺"字，商代晚期铜器铭文写作，容庚、张维持《殷周青铜器通论》把"勺"归于酒器部的挹注器门，说:"勺之用是挹取尊中的酒而后注于爵中。"②后来加"酉"写作"酌"。

（18）"溢"字，《说文解字》:"溢，器满也。从水，益声。"（溢，意思是器皿中的水满了。"水"表示字义，"益"表示读音。）后来加"水（氵）"写作"溢"。

其实，"溢"字的声旁"益"甲骨文就写作，像水多漫出器皿。

（19）"漏"字，《说文解字》:"漏，以铜受水，刻节，昼夜百刻。从水，屚声。"（漏，意思是用铜器接水，器中立标刻有度数，昼夜间为一百度。"水"表示字义，"屚"表示读音。）"漏"是古代一种以水漏计时的器物。

① 王国维:《鬼方昆夷猃狁考》,《观堂集林》第587页,中华书局1959年。
② 容庚、张维持:《殷周青铜器通论》第65页,文物出版社1984年。

其实,"漏"的声旁"扁"本身就表示漏水的意思。《说文解字》:"扁,屋穿水下也。从雨在尸下。尸者,屋也。"(扁,意思是房顶有洞而雨水下漏。从"雨"在"尸"下表示字义。"尸"就是房屋。)后来加"水(氵)"写作"漏"。段玉裁注:"今字作漏,漏行而扁废矣。"(现在写作"漏","漏"字通行而"扁"字不用。)

(20)"攔(拦)"字,不见《说文》,《玉篇》手部:"攔,遮攔也。"(拦,意思是遮拦、阻挡。)唐杜甫《兵车行》:"牵衣顿足拦道哭,哭声直上干云霄。"(牵着衣服顿着脚拦在路上大哭,哭声直上天空冲入云霄。)

其实,"攔"的声旁"闌"本身就有阻拦的意思。《说文解字》:"闌,门遮也。从门,柬声。"(闌,意思是门前的栅栏。"门"表示字义,"柬"表示读音。)栅栏有阻隔义,《马王堆帛书·战国纵横家书》:"晋国去梁千里,有河山以闌之。"(晋国距离梁国有千里之远,中间有河山阻隔。)后来加"手(扌)"写作"攔"。

殷寄明说:"文字的产生和发展,先有独体文,后有合体字,由于汉语是单音缀的,作为合体字的形声字声符实际上都是曾经单独使用的单音词,既然是词,就有可能承载各种类型的语义,实例考察也表明,声符字可采用其本义、引申义、通假义、语源义与形符字的本义构成形声字所表示的词的本义。"①

三、右文说

关于声旁表义，宋代王圣美提出"右文说"，是一种主张从声符推求字义的学说，意思是形声字右边的声旁也表义。北宋沈括《梦溪笔谈》说：

> "王圣美治字学，演其义以为右文。古之字书，皆从左文。凡字，其类在左，其义在右。如木类，其左皆从木。所谓右文者，如戋，小也。水之小者曰浅，金之小者曰钱，歹而小者曰残，贝之小者曰贱。如此之类，皆以戋为义也。"（王圣美研究文字学，推演字义认为字的右偏旁表义。古代的字书，都是从字的左偏旁归类。凡是一个字，它的类别在左，它的含义在右。例如"木"类的字，左边都是"木"字。所谓右文的，例如"戋"字，意思是"小"，水小的叫作"浅"，金小的叫作"钱"，骨小的叫作"残"，贝小的叫作"贱"，像这一类的字，都是用"戋"表示字义。）

"右文说"的讲法有一定的局限性，但对同源词研究有许多帮助，周祖谟说："这种学说对探讨语词意义的本源还是很有用的。例如从'仑'得声的字，如沦、轮、伦、论、纶等字都具备有条理、有伦次的意思，由此可以执简以驭繁，找出一组字

---

① 殷寄明:《汉语语源义初探》第 99 页，学林出版社 1998 年。

所共有的'义素'。"①

下面我们看一下由"曾、冓"做声符的两组字。

"曾(会)"字，甲骨文写作🏺，上边是器皿的盖子，下边是器皿，中间盛有东西，像装东西的容器。距今4000多年的山西襄汾陶寺遗址中考古发现有类似的器皿，"下部为一圆柱体，上有蘑菇形盖……整体形状近似秦汉墓中的攒尖顶陶仓，名称、用途不明，今暂以'仓形器'呼之。……高24，底径15.8厘米"②。"曾"字由器盖上下会合，引申为聚会、会合。《史记·项羽本纪》："五人共会其体，皆是。"（五个人聚合项羽尸体，都对上了。）

"会"字有"聚合"义，以"会"做声符的"禬、薈、儈、襘、澮、繪、譮"也都有聚合义。"禬"字，会福祭，寓聚会义。"薈（荟）"字，草茂盛而聚集。"儈（侩）"字，合市，即介绍买卖，买者与卖者相聚合。"襘"字，衣领相交合、聚合处。"澮（浍）"字，水名，亦指田尾大沟，聚集众小水者。"繪（绘）"字，五彩聚集。"譮"字，和会善言。殷寄明说："诸词俱有聚义，为会声所载之公共义。声符字'会'所记录语词谓器之盖，可合拢者，

———————

① 中国大百科全书总编辑委员会《语言文字》编辑委员会、中国大百科全书出版社编辑部编：《中国大百科全书·语言文字》第465页"右文说"词条（周祖谟撰），中国大百科全书出版社1988年。

② 中国社会科学院考古研究所山西工作队、临汾地区文化局（高炜、李健民执笔）：《1978—1980年山西襄汾陶寺墓地发掘简报》，《考古》1983年第1期第39页。

故有聚合、聚会、聚集等衍义。"① 现代汉字"烩",用于"烩菜、烩饭、大杂烩",说的也是聚合义。

"冓"字,甲骨文写作 ，像两鱼儿相遇之形,表示相遇、相交义。例如:

> □午卜,何贞:王不冓〔雨〕? 允不冓雨。(□午这一
> 天占卜,贞人何问:王不会遇到〔雨〕? 果然没有遇到雨。
> 合集30110)

"冓"字有"相交"义,以"冓"做声符的"構、遘、講、篝、購、覯、溝、媾、斠、搆"也都有相交义。"構(构)"字,架屋,即以木材相交接引申为交合、交接义。"遘"字,相遇,相交接。"講(讲)"字,和解,意相交合、统一。"篝"字,熏笼,引申之亦指竹篓,皆篾片交结而成之物。"購(购)"字,以重金收买,即交易义。"覯"字,遇见,二人相逢、相交。"溝(沟)"字,水道,相交接而贯通者。"媾"字,重叠交互为婚,引申之则有交好义。"斠"字,量谷物时用器具使谷物与斗斛平齐。"搆"字,交接,交结。殷寄明说:"诸词俱有相交义,为冓声所载之公共义。"②

---

① 殷寄明:《汉语同源词大典》第1626—1629页,复旦大学出版社2018年。这里列举的是常用的和易于理解的字例。

② 殷寄明:《汉语同源词大典》第1145—1146页,复旦大学出版社2018年。这里列举的是常用的和易于理解的字例。

四、声符表义的合理性

也有学者不同意"亦声"或"声兼义"的说法,梁东汉说:"形声字的音符所代表的是词的语音,它和词义并没有必然的关系。《说文》里所谓'某亦声'的字即所谓'义兼声','声兼义'或'会意兼形声','形声兼会意'的字,有许多是有问题的,因为音符本身并不一定包含意义。……许慎的错误就在于他不明确文字和语言的关系,不知道音符在绝大多数情形下只是一个纯粹表音的符号,因而往往把音符误认为义符,又进而得出义符同时又是音符这个错误的结论。"①

高明也说:"由于形声字的数量很多,其中难免有些形声字的声符和本字词义相同或相近,能否称之为'亦声'或'会意兼形声'呢? 不能。因为字义有本义和引申之义,往往是时代愈晚引申之义愈广泛,因而引申之义就有可能同声符意义相近,虽然如此,但并不能称之为'亦声'。因为形声字的声符与字义没有必然联系,即便有的声符与字义相近,也是一种偶然现象,既不能称作'亦声',更不能称为'会意兼形声'。"②

我们在前面的讨论中说了,许多形声字的声旁原本就是表示字义的,例如:"蛇"字的声旁"它",原本就是蛇的形状;"趾"字的声旁"止",原本就是脚趾的形状;"源"字的声旁

---

① 梁东汉:《汉字的结构及其流变》第 142 页,上海教育出版社 1959 年。
② 高明:《中国古文字学通论》第 52 页,北京大学出版社 1996 年。

"原",原本就像泉水从山崖中流出;"暮"字的声旁"莫",原本就像太阳落入草丛中;"熨"字的声旁"尉",原本就是手持熨斗把织物熨平展。

《说文解字》注明"亦声"的字,我们叫作"声兼义"的,其声旁大都跟字义有关系,例如:"婢"字的声旁"卑",本义是地位低贱,婢女是地位低贱的侍女;"墨"字的声旁"黑",本义是黑色,墨是黑色的;"坪"字的声旁"平",本义是语气平舒,坪是地势平坦;"忘"字的声旁"亡",本义是失去,忘记就是一种记忆的失去;"琥"字的声旁"虎",本义是老虎,琥符是刻有虎纹的兵符;"珑"字的声旁"龙",本义是龙,祈祷用的玉器珑刻有龙纹;"珥"字的声旁"耳",本义是耳朵,珥是玉制的耳坠;"琀"字的声旁"含",本义是含在口中,琀是含在死人口中的玉。而没有注明"亦声"的字,很多字的声旁也和字义有关系,例如"客、逆、俘、酌、溢、漏"的声旁"各、屰、孚、勺、益、扁",原本也都表示字的本义。所以我们认为声符表义的现象是存在的,是合理的。

不过,《说文解字》里也有"亦声"字的解说不准确的。例如:

"羌"字,《说文解字》:"羌,西戎牧羊人也。从人,从羊,羊亦声。"(羌,意思是西戎的牧羊人。"人"和"羊"合起来表示字义,"羊"也表示读音。)"羌"字甲骨文写作ᕕ、ᛘ,像头戴羊角形饰物的人,是象形字,意思是西部羌族部落的人。后面的ᛘ字,脖子上有绳索(糸),意思是捆绑,当时殷人常与羌人打仗,有"糸"字意思是被俘虏的羌人。

《说文解字》中有多少偏旁既表义又表音的字呢？ 黄宇鸿说:"据我们初步统计,《说文》中许慎标明'某亦声'的字共213个,段玉裁注明'会意包形声'或'形声包会意'的329个,其余许、段未标明的还有约400字左右,总数当在950字以上,约占《说文》总字数的10%。"①

声旁兼表字义本来是一个严谨的事情,但是历史上曾被过分解读,以致于穿凿附会,望文说义。古书上有这类的记载。宋人罗大经《鹤林玉露》里有一段话,寿皇问王季海曰:"'聋'字何以从'龙、耳'?"对曰:"《山海经》云:'龙听以角,不以耳。'"(寿皇问王季海说:"聋字为什么是龙、耳?"回答说:"《山海经》说:'龙听声音用犄角,不用耳朵。'")

"聋"字,《说文解字》:"聋,无闻也。从耳,龙声。""聋"的本义是没有听觉。

还有一段话。世传东坡问荆公:"何以谓之波?"曰:"波者,水之皮。"坡曰:"然则滑者水之骨也?"(传说苏东坡曾经问王安石:"为什么叫波?"回答说:"波,就是水的皮。"苏东坡说:"那么滑就是水的骨了?")

"波"字,《说文解字》:"波,水涌流也。从水,皮声。""波"的本义是水流起伏之形状,"皮"只表示读音,与字义无关。

---

① 黄宇鸿:《试论〈说文〉中的"声兼义"现象》,《广西师范大学学报》1995年第1期第28页。

"滑"字,《说文解字》:"滑,利也。从水,骨声。""滑"的本义是水流动没有阻塞,"骨"只表示读音,与字义无关。

据说已经失传的王安石《字说》里有很多这样的例子。

第四节　偏旁的省形和省声

人们在造字之初或者用字之中,有时候为了字的形体匀称、结构平衡和书写方便,把偏旁的一部分省去。省去形旁的一部分叫"省形",省去声旁的一部分叫"省声"。"省形"和"省声"的说法来自《说文解字》。

一、省形

(1)"孝"字,商代晚期铜器铭文写作𩠐,上面是"老",下面是"子",像小孩子搀扶老人。小篆写作𦥑,省去了"老"字下面的一部分。《说文解字》:"孝,善事父母者。从老省,从子。子承老也。"(孝,意思是善待父母的人。"老"和"子"合起来表示字义,"老"做形旁时省去下面的"匕","子"表示子女承奉老人。)

(2)"喬(乔)"字,《说文解字》:"喬,高而曲也。从夭,从高省。《诗》曰:'南有乔木。'"(乔,意思是高而上部弯曲。"夭"和"高"合起来表示字义,"高"做形旁时省去上面的"亠"。《诗经·周南·汉广》说:"南方有高而上部弯曲的树木。")

(3)"緊(紧)"字,《说文解字》:"緊,缠丝急也。从臤,从丝省。"(紧,意思是指丝缠得很紧的状态。"臤"和"丝"合起来表示字义,"丝"做形旁时省去另一半"糸"。)"缠丝急"是说缠丝时在拉力作用下呈现出紧绷的状态。

（4）"送"字,《说文解字》:"遳,遣也。从辵,俆省。"(遳,意思是遣送。"辵"和"俆"合起来表示字义,"俆"做形旁时省去左边的"亻"。)"俆"意思是"送",《说文解字》:"俆,送也。从人,夶声。"(俆,意思是送。"人"表示字义,"夶"表示读音。)

（5）"亭"字,《说文解字》:"亭,民所安定也。亭有楼,从高省,丁声。"(亭,意思是人们安定的处所。亭上有楼,"高"表示字义,"高"做形旁时省去下面的"口","丁"表示读音。)

（6）"寐"字,《说文解字》:"寐,卧也。从瘳省,未声。"(寐,意思是睡着了。"瘳"表示字义,"瘳"做形旁时省去右下的"夢","未"表示读音。)

（7）"弑"字,《说文解字》:"弑,臣杀君也。《易》曰:'臣弑其君。'从殺省,式声。"(弑,意思臣子杀害君主。《周易》说:"臣子弑他的君主。""殺"表示字义,"殺"做形旁时省去右边的"殳","式"表示读音。)

省形字包括会意字和形声字。

二、省声

（1）"覺（觉）"字,《说文解字》:"觉,寤也。从见,学省声。"(觉,意思是睡醒。"见"表示字义,"学"表示读音,"学"

做声旁时省去下面的"子"。）

（2）"漢（汉）"字，《说文解字》："漢，漾也。东为沧浪水。从水，難省声。"（漢，意思是漾水。向东流就是沧浪水。"水"表示字义，"難"表示读音，"難"做声旁时省去右边的"隹"。）

（3）"炊"字，《说文解字》："炊，爨也。从火，吹省声。"（炊，意思是烧火做饭。"火"表示字义，"吹"表示读音，"吹"做声旁时省去左边的"口"。）

（4）"度"字，《说文解字》："度，法制也。从又，庶省声。"（度，意思是法度。"又"表示字义，"庶"表示读音，"庶"做声旁时省去下面的"灬"。）

（5）"疫"字，《说文解字》："疫，民皆疾也。从疒，役省声。"（疫，意思是人们都得病。"疒"表示字义，"役"表示读音，"役"做声旁时省去左边的"彳"。）

（6）"産（产）"字，《说文解字》："産，生也。从生，彦省声。"（産，意思是生育。"生"表示字义，"彦"表示读音，"彦"做声旁时省去下面的"彡"。）

（7）"夜"字，甲骨文写作夜，《说文解字》："夜，舍也。天下休舍也。从夕，亦省声。"（夜，意思是止息。是天下休息的时间。"夕"表示字义，"亦"表示读音，"亦"做声旁时省去下面的一点。）

（8）"纣"字，《说文解字》："纣，马緧也。从糸，肘省声。"（纣，意思是套在牲口屁股上的皮带。"糸"表示字义，"肘"表示读音，"肘"做声旁时省去左边的"月"。）

（9）"绳"字，《说文解字》："绳，索也。从糸，蝇省声。"（绳，意思是绳索。"糸"表示字义，"蝇"表示读音，"蝇"做声旁时省去左边的"虫"。）

（10）"恬"字，《说文解字》："恬，安也。从心，甜省声。"（恬，意思是内心安静。"心"表示字义，"甜"表示读音，"甜"做声旁时省去左边的"甘"。）

（11）"茸"字，《说文解字》："茸，艸茸茸皃。从艸，聪省声。"（茸，意思草茸茸的样子。"艸"表示字义，"聪"表示读音，"聪"做声旁时省去右边的"忽"。）段玉裁注："茸，从艸，耳声。"

（12）"珊"字，《说文解字》："珊，珊瑚，色赤，生于海，或生于山。从玉，删省声。"（珊，意思是珊瑚，红色，生长在海中，或生长在山上。"玉"表示字义，"删"表示读音，"删"做声旁时省去右边的"刂"。）

（13）"赛"字，《说文解字》新附："报也。从贝，塞省声。"（赛，意思是祭祀酬报神恩。"贝"表示字义，"塞"表示读音，"塞"做声旁时省去下面的"土"。）

（14）"炭"字，《说文解字》："炭，烧木余也。从火，岸省声。"（炭，意思是烧木头没有烧尽。"火"表示字义，"岸"表示读音，"岸"做声旁时省去下面的"干"。）

（15）"缺"字，《说文解字》："缺，器破也。从缶，决省声。"（缺，意思是陶器破缺。"缶"表示字义，"决"表示读音，"决"做声旁时省去左边的"氵"。）

（16）"徽"字，《说文解字》："徽，邪幅也。一曰三纠绳也。从糸，微省声。"（徽，意思是斜缠在腿上的布。另一说是三股缠绕在一起的绳子。"糸"表示字义，"微"表示读音，"微"做声旁时省去下边的"几"。）

（17）"梓"字，《说文解字》："梓，楸也。从木，宰省声。"（梓，意思是楸树类的树。"木"表示字义，"宰"表示读音，"宰"做声旁时省去上面的"宀"。）

（18）"麇"字，《说文解字》："麇，麏也。从鹿，囷省声。"（麇，意思是獐子。"鹿"表示字义，"囷"表示读音，"囷"做声旁时省去外面的"囗"。）

（19）"歎（叹）"字，《说文解字》："歎，吟也。从欠，鸛省声。"（歎，意思是吟叹。"欠"表示字义，"鸛"表示读音，"鸛"做声旁时省去右边的"鸟"。）

（20）"秋"字，《说文解字》："秋，禾谷孰也。从禾，爐省声。"（秋，意思是谷物熟了。"禾"表示字义，"爐"表示读音，"爐"做声旁时省去右边的"龜"。）

（21）"鲜"字，《说文解字》："鲜，鱼名。出貉国。从鱼，羴省声。"（鲜，意思是一种鱼的名字，来自貉国。"鱼"表示字义，"羴"表示读音，"羴"做声旁时省去两个"羊"。）

（22）"薅"字，《说文解字》："薅，拔去田艸也。从蓐，好省声。"（薅，意思是拔除田间的草。"蓐"表示字义，"好"表示读音，"好"做声旁时省去右边的"子"。）

（23）"襲（袭）"字，《说文解字》："襲，左衽袍。从衣，龖省声。"（襲，意思是左开襟的内衣。"衣"表示字义，"龖"表示读音，"龖"作声旁时省去一个"龍"。）

还有前面讲的"貌"字，也是省声，声旁"豹"省去右边的"勺"字。

三、其他

《说文解字》中也有既"省形"又"省声"的，例如：

（1）"量"字，《说文解字》："量，称轻重也。从重省，曩省声。"（量，意思是称轻重。"重"表示字义，"重"做形旁时省略了上面的部分；"曩"表示读音，"曩"做声旁时省略了下面的"鄉"。）于省吾认为"量"是会意字，说："量字从日，当是露天从事量度之义。"[①]

（2）"囊"字，《说文解字》："囊，橐也。从橐省，襄省声。"（囊，意思是袋子。"橐"表示字义，"橐"做形旁时省略了下面的部分；"襄"表示读音，"襄"做声旁时省略了上面的部分。）

还有一种是形旁和声旁合用一个部件，这类字既可以说是"省形"，又可以说是"省声"，例如：

（1）"齋（斋）"字，《说文解字》："齋，戒，洁也。从示，齊省声。"（齋，齋戒，意思是祭祀前整洁身心。"示"表示字义，"齊"表示读音，"齊"做声旁时省去下面的"二"。）"齋"字也

[①] 于省吾：《甲骨文字释林》"释量"，转引自于省吾主编：《甲骨文字诂林》第 4 册第 3015 页，中华书局 1996 年。

可以说是省形，从"示"省，省去上面的"二"。

（2）"黎"字，《说文解字》："黎，履黏也。从黍，称省声。称，古文利。作履黏以黍米做的糊。"（黎，意思是粘鞋子用的黍米做的糊。"黍"表示字义，"称"表示读音，"称"做声旁时省略右边的"禾"。"称"是"利"的古文写法。做布鞋时用黍米制糊粘合。）"黎"字也可以说是省形，从"黍"省，省去上面的"禾"。

（3）"耆"字，《说文解字》："耆，老也。从老省，旨声。"（耆，意思是年老。"老"表示字义，"老"做形旁时省去下面的"匕"，"旨"表示读音。）"耆"字也可以说是省声，从"旨"省，省去上面的"匕"。

现代汉字"釜"也是这种结构，上面的"父"和下面的"金"合用一个部件。

四、小结

"省形"的现象比"省声"少，省形和省声虽然匀称了形体，平衡了结构，方便了书写，但造成偏旁残缺，影响了字义和读音的理解。例如："寐"字看不出睡着的意思，"孝"字看不出老人的意思，"亭"字看不出高大的意思；"疫"字看不出声旁是"役"，"炊"字看不出声旁是"吹"，"珊"字看不出声旁是"删"，"薅"字看不出声旁是"好"。

"省形"和"省声"是汉字简化的一种手段，怎么知道它们是"省形"或"省声"呢？《说文解字》在一些省形和省声字

后面列有不省的形体,数量不多,例如:

（1）"送"字,《说文解字》在"逡"字后列出籀文,右上是"伒",并说明"邎,籀文不省"。

"籀文"是春秋战国时期秦国使用的文字。

（2）"廪"字,《说文解字》在"廪"字后列出籀文,下面是"困",并说明"廥,籀文不省"。

（3）"秋"字,《说文解字》在"秋"字后列出籀文,右边是"爐",并说明"穮,籀文不省"。

（4）"歎(叹)"字,《说文解字》在"歎"字后列出籀文,左边是"鷬",并说明"歎,籀文歎不省"。

（5）"梓"字,《说文解字》在"梓"字后列出,右边是"宰",并说明"榟,或不省"。

（6）"襲(袭)"字,《说文解字》在"襲"字后列出籀文,上面是"龖",并说明"褻,籀文襲不省"。

许慎说的"省形"和"省声"有一些是不准确的, 例如:"融、逐、秦、春、牢、良、季、黍、宫、监、段、奔、龍"等都不是"省形"或"省声"。

（1）"融"字,《说文解字》:"融,炊气上出也。从鬲,蟲省声。"（融,意思是煮食物的蒸气上升。"鬲"表示字义,"蟲"表示读音,"蟲"做声旁时省去两个"虫"。）其实,"融"字商代晚期铜器铭文写作![图],是会意字,中间是炊具,两边是做饭时上升的炊气。后来,字体发生变化,把炊气上升状写成"虫"字旁。许慎说"融,炊气上出也"是对的,说"从鬲,蟲省声"

不对。

（2）"逐"字，《说文解字》："逐，追也。从辵，从豚省。"（逐，意思是追逐。"辵"和"豚"合起来表示字义，"豚"做形旁时省去右边的"月"）。其实，前面讲了，"逐"字甲骨文写作𧿹，上面是豕，下面是止（趾），本义是追逐猎物。

（3）"秦"字，《说文解字》："秦，伯益之后所封国，地宜禾。从禾，舂省。一曰秦，禾名。"（秦，意思是伯益之后所封的国名，土地适宜禾谷生长。"禾"和"舂"合起来表示字义，"舂"做形旁时省去下面的"臼"。另一种说法是"秦"为禾谷名。）其实，"秦"字甲骨文写作𣂴，上面两只手举着杵在舂谷穗，商代晚期铜器铭文写作𥝩，最为象形。

（4）"舂"字，《说文解字》："舂，捣粟也。从廾持杵临臼上。午，杵省也。古者雍父初作舂。"（舂，意思是捣粟。由双手"廾"握着"杵"在臼上表示字义。"午"是"杵"的省略。古时候雍父最早发明了舂捣的方法。）其实，"舂"字甲骨文写作𦥑，上面两只手举着杵在舂捣臼中的谷穗。

（5）"牢"字，《说文解字》："牢，闲，养牛马圈也。从牛，冬省。取其四周帀也。"（牢，意思是牢阑，关牛马羊的栏圈。"牛"和"冬"合起来表示字义，"冬"做形旁时省去下面的"仌"，取四周包围的意思。）前面讲了，"牢"字甲骨文写作𠇎，上面的"宀"是绳子或者木头围起来的栏圈。

（6）"良"字，《说文解字》："良，善也。从畗省，亡声。"（良，意思是善。"畗"表示字义，"畗"做形旁时省去部分字形，

"亡"表示读音。）其实，"良"字甲骨文写作𠃊，象形字，像半穴居两道出入的走廊，可供进出。徐中舒说："良字，甲骨文作𠃊、𠃊、𠃊，就是描绘半穴居两道出入的走廊。半穴居有两道出入，空气流通，生活条件改善了，故良有良好、明朗诸义。"[①]因为走廊是穴居最高处，有良好、明朗义。

（7）"季"字，《说文解字》："季，少偁也。从子，从稚省，稚亦声。"（季，意思是年少者的称呼。"子"和"稚"合起来表示字义，"稚"做声旁时省去右边的"隹"，"稚"也表示读音。）其实，"季"字甲骨文写作𡥀，会意字，上面是禾苗，下面是子，意思是幼小的禾苗。

（8）"黍"字，《说文解字》："黍，禾属而黏者也。以大暑而穜，故谓之黍。从禾，雨省声。孔子曰：'黍可为酒，禾入水也。'"（黍，意思是禾一类而有黏性的谷物。因在大暑时成熟，所以叫作黍。"禾"表示字义，"雨"表示读音，"雨"做声旁时省略字的一部分。孔子说："黍可以酿酒，由禾、入、水三字合起来表示字义。"）其实，"黍"字甲骨文写作𥟶，象形字，像黍的形状。也有加"水"写作𥟶，会意字，上面是黍穗，旁边是水，特指一种黏性的谷类。

（9）"宫"字，《说文解字》："宫，室也。从宀，躬省声。"（宫，意思是房屋。"宀"表示字义，"躬"表示读音，"躬"做声

①　徐中舒：《怎样考释古文字》，《古文字学论集》（初编）第 10 页，国际中国古文字学研讨会，香港中文大学、中国文化研究所 1983 年。

旁时省去左边的"身"。）其实，"宫"字甲骨文写作，象形字，像房屋建筑，上面是房顶，下面是房间。先秦时百姓房屋都可称"宫"，秦以后专指帝王宫殿。《左传·庄公九年》："边伯之宫近于王宫，王取之。"（边伯的房子靠近王宫，惠王占为己有。）

（10）"監（监）"字，《说文解字》："監，临下也。从臥，䧹省声。"（監，意思是从上面看下面。"臥"表示字义，"䧹"表示读音，"䧹"做声旁时省去右边的"臽"。）其实，"監"字甲骨文写作，会意字，像一个人俯首睁大眼睛在盛水的器皿里照自己的面容，上古时期铜镜没有发明之前，人们以水为镜。

（11）"段"字，《说文解字》："段，椎物也。从殳，耑省声。"（段，意思是用椎子击打物体。"殳"表示字义，"耑"表示读音，"耑"做声旁时省去下面的"而"。）其实，"段"字西周铜器铭文写作，会意字，像手持工具在悬崖下敲打石块。"段"字小篆写作，"耑"字小篆写作，上面的部分是斜体的，与"段"的左偏旁相近，所以许慎说是"耑省声"。

（12）"奔"字，《说文解字》："奔，走也。从夭，贲省声。"（奔，意思是跑。"夭"表示字义，"贲"表示读音，"贲"做声旁时省去下面的"贝"。）其实，"奔"字西周铜器铭文写作，会意字，上边是一个两臂摆动的人，下边是三个"止"字，三只脚突出奔跑的意思。

（13）"龍（龙）"字，《说文解字》："龍，鳞虫之长。能幽，能明，能细，能巨，能短，能长；春分而登天，秋分而潜渊。从肉,飞之形,童省声。"(龍,意思是鳞甲类动物之长。能使天地幽暗,能使天地光明,能变细,能变大,能变短,能变长;春分飞向天空,秋分潜入深渊。左下角的"肉"表示字义,右边的字体像飞的形状,"童"表示读音,"童"做声旁时省去下面的"里"。)其实,"龙"字甲骨文写作🐉,象形字,像有头冠、两角、张着大口、长身、曲尾的龙的样子。中国的龙文化历史悠久,在辽宁阜新沙拉乡查海村兴隆洼文化遗址中,考古发掘遗址中心发现大型摆塑龙,由红褐色石块摆塑而成,长达 19.7 米,头朝西南,尾朝东北,昂首张口,弯身弓背,呈腾飞之状。距今有 8000 年之多,堪称为"中华第一龙"[①]。

还有一个"家"字,许慎说是"省声",但是一直有争论。《说文解字》:"家,居也。从宀,豭省声。"(家,意思是居住的地方。"宀"表示字义,"豭"表示读音,"豭"做声旁时省去"叚"。)"家"字甲骨文写作🐷,上面的⌂是房子,里面的豕是凸显雄性生殖器的公猪,也就是"豭"字,所以许慎说"豭省声"。但是甲骨文里"家"字也有很多写作家的,还有写作两头猪的家,商代晚期铜器铭文写作家,最为象形,这些猪都没有特地显示雄性生殖器,于是有人说,"家"就是房子里有猪,不一定是公猪,也就是说,"家"是会意字,不是形声字,也就谈不上省声。

---

① 崔树华、连吉林:《从草原龙谈龙形象起源》,《中国社会科学报》2020 年 7 月 2 日第 7 版。

为什么当初造字时要在"家"里放一头猪呢？这是古代畜牧文化的遗存。中国畜牧业出现很早，而猪是饲养最多的家畜之一。考古发现新石期时代"农业生产的不断进步，为养猪为主的家畜的饲养业提供了雄厚的物质基础，所以，家猪的饲养得到很大发展。墓葬中盛行用整猪、猪头或猪下颌骨进行随葬，猪已经成为私有财富的象征，或者具有更深刻的社会意义。大汶口遗址 133 座墓葬有 1/3 随葬家猪，其中 43 座墓葬随葬猪头 96 个，最多者有 14 个……三里河遗址一个袋状灰坑（可能是一个猪圈）内出土五具完整幼猪骨骼，可见当时已能人工繁殖小猪"[1]。"大量考古资料说明，家猪与农业生产关系最密切，与人类的生活息息相关，它不但是人们肉食的主要来源，而且成为人们日常生活的一种补充，起到弥补粮食不足的作用。因而，最适合定居人们的饲养。"[2] 猪最宜家庭饲养，代表着家庭财富，所以"家"字写作房里有猪。

第五节　偏旁的多形和多声

会意字是由两个或者多于两个的形旁组成，形声字是由一个形旁和一个声旁组成，许慎《说文解字》说，形声字有两个或以上形旁的，也有两个声旁的，这叫作多形、多声。

---

[1] 何德亮:《山东新石器时代农业试论》,《农业考古》2004 年第 3 期第 63 页。

[2] 同上第 66 页。

多形的字有"梁、碧、寶、長"等。

"梁"字,《说文解字》:"梁,水桥也。从木,从水,刅声。"（梁,意思是河上的桥。"木"和"水"合起来表示字义,"刅"表示读音。）

"碧"字,《说文解字》:"碧,石之青美者。从玉、石,白声。"（碧,意思是青色的美石。"玉"和"石"合起来表示字义,"白"表示读音。）

"寶（宝）"字,《说文解字》:"寶,珍也。从宀,从玉,从贝,缶声。"（寶,意思是珍宝。"宀"和"玉"和"贝"合起来表示字义,"缶"表示读音。）

"長（长）"字,《说文解字》:"長,久远也。从兀,从匕。兀者,高远意也。久则变化。亡声。"（長,意思是长久,长远。"兀"和"匕"合起来表示字义,"兀"是高而远的意思。长久则变化。"亡"表示读音。）

多声的字有"竊"字。

"竊（窃）"字,小篆写作🔲,《说文解字》:"竊,盗自中出曰竊。从穴,从米,离、廿皆声。"（竊,意思是偷米从穴中出来叫竊。"穴"和"米"合起来表示字义,"离"和"廿"都表示读音。）按照许慎的说法,"竊"应该属于多声多形。"竊"的简化字写作"窃","窃"最早见于元代。

许慎"多形、多声"的说法引起很多争议,汤可敬认为:许慎说的多形字、多声字、多形又多声的字都不能成立,说:"我们把《说文》所收的 82 个多形多声字——考察之后,结论是:

《说文》的'多形多声'说，往往是把多层形声字误解为多形字或多声字，把一般形声字误解为多形字，把会意字误解为多形字，把象形字误解为多形字。"[1] 刚才说的那些字，从字源上看都不是多形或多声字。

"梁"字，西周铜器铭文写作，从水，刅声，当是"梁"之本字。朱芳圃说："梁为汸之后起字，桥以木为之，故增木为形符。当云从木，汸声。"[2] "梁"是一形一声的形声字。

"碧"字，裘锡圭说："可能'碧'字本来也只从'玉'，'石'旁是后加的。"[3] 梁东汉说："'碧'字应该是从'石'，'珀'声，是一形一声的形声字。"[4]

"寶"字，像房内有贝、有玉，商代晚期铜器铭文添加声符"缶"写作"寶"，"寶"是在会意字上添加声符的形声字。

"長"字，甲骨文字形就像一个长发人，本义是年长，是象形字。

"竊"字，有人说"乃鼠穿穴咬物盗米之象"[5]，是会意字。

① 汤可敬：《〈说文〉"多形多声"说研究》，《益阳师专学报》1991年第4期第14页。
② 朱芳圃：《殷周文字释丛》第121页，中华书局1962年。
③ 裘锡圭：《文字学概要》（修订本）第156页，商务印书馆2013年。
④ 梁东汉：《汉字的结构及其流变》第126页，上海教育出版社1958年。
⑤ 高亨：《文字形义学概论》第215页，齐鲁书社1981年。

第六节　偏旁的数量

从甲骨文字到现代汉字,绝大多数的字都是有偏旁的,李孝定列了一张表,比较了甲骨文、《六书爻列》和《六书略》依照六书分类的数字。三种字例所属时代,第一种比第二种约早 1200 年,第二种比第三种约早 1000 年[①]。见下表:

		象形	指事	会意	假借	形声	转注	未详	总计
甲骨文字	字数	276	20	396	129	334	0	70	1225
	百分比	22.53强	1.63强	32.33强	10.53强	27.27弱	0	5.71强	100
六书爻列	字数	364	125	1167	115	7697	7	0	9475
	百分比	3.84强	1.32强	12.31强	1.21强	81.24弱	0.07强	0	100
六书略	字数	608	107	740	598	21810	372	0	24235
	百分比	2.50强	0.44强	3.05强	2.47弱	90.00弱	1.53强	0	100

---

① 李孝定:《从六书的观点看甲骨文字》,《汉字的起源与演变论丛》第 21 页,联经出版事业股份有限公司 1986 年。

上表中，1225 个甲骨文中象形字 276 个，指事字 20 个，会意字 396 个，形声字 334 个，会意字和形声字合起来有 730 个，有偏旁的字占总字数的 59.6%。清朱骏声《说文通训定声·说文六书爻列》统计《说文解字》正文加新修、新附、轶文等共 9475 字，其中象形字 364 个，指事字 125 个，会意字 1167 个，形声字 7697 个，会意字和形声字合起来有 8864 个，有偏旁的字占总字数的 93.55%。宋郑樵《六书略》中象形字 608 个，指事字 107 个，会意字 740 个，形声字 21810 个，会意字和形声字合起来有 22550 个，有偏旁的字占总字数的 93.04%。

现代汉语 7000 个通用字中形声结构的有 5631 字，占 80.5%[①]，加上会意字和可以切分的指事字，有偏旁的字当在 90% 以上。

第七节 偏旁形体的变化

前面我们说到，商代甲骨文、西周铜器铭文、战国文字、秦代小篆，这些都属于古文字。从甲骨文到小篆，字的形体发生很多变化，不过这些变化都是渐进的，小篆经过李斯整理后，虽然形体规范整齐，但仍旧保留许多象形的意味。

汉字到了隶书，形体发生了很大变化，彻底破坏了小篆保

---

① 康加深：《现代汉语形声字形符研究》，见苏培成选编：《现代汉字学参考资料》第 129 页，北京大学出版社 2001 年。

留的象形意味。其变化主要是在书写风格上,字形由线条变为笔画,构造也有很多不同,人们把隶书的这种变化叫作"隶变"。从隶书开始,汉字进入今文字阶段。

我们这里只讨论隶变后汉字偏旁变化问题。一些偏旁在隶书中笔画和部件有所省减,形体有所改变,例如:"人、手、水、刀、火、衣、示、邑、阜、辵、心"等。

人,小篆写作𝄐,做偏旁时也写作𝄐;隶书做偏旁时在字的左边写作"亻"。

仁化俄件休(小篆)

仁化俄件休(隶书)

手,小篆写作𝄐,做偏旁时也写作𝄐;隶书做偏旁时在字的左边写作"扌"。

扑抓把指推(小篆)

打抓把指推(隶书)

水,小篆写作𝄐,做偏旁时也写作𝄐;隶书做偏旁时在字的左边写作"氵"。

江酒沐汤汗(小篆)

江酒沐汤汗(隶书)

刀,小篆写作𝄐,做偏旁时也写作𝄐;隶书做偏旁时在字的右边写作"刂"。

割利削删刻(小篆)

割利削删刻(隶书)

火,小篆写作𝄐,做偏旁时也写作𝄐;隶书做偏旁时在字的下方写作"灬"。

烹焦热烈然（小篆）

烹焦热烈然（隶书）

衣，小篆写作衣，做偏旁时也写作衣；隶书做偏旁时在字的左边写作"衤"。

袖袍衫被袂（小篆）

袖袍衫被袂（隶书）

示，小篆写作示，做偏旁时也写作示；隶书做偏旁时在字的左边写作"礻"。

祖褫祸福社（小篆）

祖神祸福社（隶书）

邑，小篆写作邑，做偏旁时也写作邑；隶书做偏旁时在字的右边写作"阝"。

都部邦郊郭（小篆）

都部邦郊郭（隶书）

阜，小篆写作阜，做偏旁时也写作阜；隶书做偏旁时在字的左边写作"阝"。

险队除院陆（小篆）

险队除院陆（隶书）

辵，小篆写作辵，做偏旁时也写作辵；隶书做偏旁时在字的左边写作"辶"。

遥返逼造逃（小篆）

遥返逼造逃（隶书）

心,小篆写作 ⿱ ,做偏旁时也写作 ⿱ ;隶书做偏旁时在字的左边写作"忄",在字下面的半包围中写作"⺗"。

怕情恨㤅忄忝恭慕(小篆)

怕情恨快忙忝恭慕(隶书)

隶变时偏旁发生变化主要有下面四种情况:1. 相同的偏旁分化为不同的偏旁;2. 不同的偏旁合并为相同的偏旁;3. 偏旁省减;4. 改变字的结构,造成偏旁消失。

1. 相同的偏旁分化为不同的偏旁

焚黑光赤票尉(小篆)

上面这几个字原本都是"火"字旁,隶变后变为不同的偏旁。

焚黑光赤票尉(隶书)

"焚"字,甲骨文写作 ⿱ ,意思是火烧林木。

"黑"字,春秋早期铜器铭文写作 ⿱ ,意思是火焰把烟囱熏黑。

"光"字,甲骨文写作 ⿱ ,上面是火,下面是人,意思是火在人上为光亮。

"赤"字,甲骨文写作 ⿱ ,上面是大,下面是火,意思说火大则其色赤红。

"票"字,战国文字写作 ⿱ (㷍),小篆写作 ⿱ ,下面是火,上面部分意思是升高。《说文解字》:"票,火飞也。""火飞"意思是火星飞迸。

"尉"字,战国文字写作 ⿰ ,本义是拿着烧热的熨斗把织物熨平展。左下角原本是"火"，后来"火"写作"小"，和"厃"下面的"二"合成为"示"。

2. 不同的偏旁合并为相同的偏旁

㼝㿟㼟㿠㿡㿢（小篆）

上面这几个字原本是不同的偏旁，隶变后都写作"灬"字底。

魚鳥馬燕焦無（隶书）

"魚（鱼）"字，甲骨文写作㿟，下面原本是鱼尾。

"鳥（鸟）"字，甲骨文写作㿠，下面原本是鸟爪和鸟尾。

"馬（马）"字，甲骨文写作㿡，下面原本是马腿和马尾。

"燕"字，甲骨文写作㿢，下面原本是燕尾。

"焦"字，甲骨文写作㿣，像鸟在火上烤焦，下面原本是火。

"無（无）"字，是"舞"的本字，甲骨文写作㿤，像人手持舞具在跳舞，下面原本是人的脚和舞具。

3. 偏旁省减

例如：雷、雪、尿、香、書、霍等。

㿥㿦㿧㿨㿩㿪（小篆）
雷雪尿香書霍（隶书）

"雷"字，甲骨文写作㿫，像闪电时雷声滚滚回转的样子。小篆写作㿬，《说文解字》："靁，阴阳薄动靁雨，生物者也。从雨，畾象回转形。"（靁，意思是阴阳搏动产生的靁雨，靁雨是滋生万物的东西。"雨"表示字义，"畾"像回旋转动的形状。）隶书把"畾"省减为"田"。

"雪"字，甲骨文写作🐾，西周铜器铭文加"彐"写作🐾（䨮），小篆写作🐾，《说文解字》："䨮，凝雨，说物者。从雨，彗声。"（雪，凝结雨水而成，让万物喜悦的东西。"雨"表示字义，"彗"表示读音。）隶书把"彗"省减为"彐"。

"尿"字，甲骨文写作🐾，像人在小便。小篆写作🐾，《说文解字》："尿，人小便也。从尾，从水。"（尿，意思是人小便。"尾"和"水"合起来表示字义。）隶书把"尾"省减为"尸"。其实，甲骨文上面就是"人"字，甲骨文的"尸"和"人"是一个字，写作🐾，像人曲腿蹲坐形状。和"尿"同类的还有"屎"字，甲骨文写作🐾，上面也不是"尾"。

"香"字，甲骨文写作🐾，上面是"黍"，下面是器皿"口"，像器皿中盛有黍稷，本义是指黍稷的香味。小篆写作🐾，《说文解字》："香，芳也。从黍，从甘。《春秋传》曰：'黍稷馨香。'"（香，意思是芳香。"黍"和"甘"合起来表示字义。《春秋传》说："黍稷气味馨香。"）隶书把"黍"省减为"禾"。

"書（书）"字，西周铜器铭文写作🐾，上面像以手执笔，下面是表示读音的"者"，本义是用笔书写。小篆写作🐾，《说文解字》："書，箸也。从聿，者声。"（书，意思是书写在竹帛上。"聿"表示字义，"者"表示读音。）隶书省去"者"的上半部。

"霍"字，甲骨文写作🐾，"雨"字下面三只鸟，西周铜器铭文有两只鸟的🐾，本义是群鸟在雨中疾飞的声音。小篆写作🐾，《说文解字》："靃，飞声也。雨而双飞者其声靃然。"（靃，意思是飞的声音。雨中双鸟齐飞，声音霍霍作响。）隶书把两只鸟省减为一只。其实甲骨文中也有一只鸟的，只是没有延续下来，隶变后把小篆的两只鸟省写为一只。

4.改变字的结构，造成偏旁消失

例如：年、及、更、布、表、灰等。

年及更布表灰（小篆）

年及更布表灰（隶书）

"年"字，甲骨文写作，上面是"禾"，下面是"人"，以人背着禾表示庄稼成熟的意思。《说文解字》："年，谷孰也。"（年，意思是五谷成熟。）小篆写作，还能看出原先的字形，隶书写作"年"以后，"禾"和"人"都看不出来了。

"及"字，甲骨文写作，上面是"人"，下面是"又（手）"，意思是抓住一个人。《说文解字》："及，逮也。从又，从人。"（及，意思是追上并抓住。"又"和"人"合起来表示字义。）小篆写作，还能看出原先的字形，隶书写作"及"以后，"人"和"手"都看不出来了。

"更"字，甲骨文写作，下面是（攴），像手里拿着棍棒一类的器具，意思是手持棍棒治事使之有所变化。《说文解字》："更，改也。从攴，丙声。"（更，意思是改变。"攴"表示字义，"丙"表示读音。）《论语·子张》："君子之过也，如日月之食焉，过也，人皆见之；更也，人皆仰之。"（君子的过错，好像日食和月食一样，错了，人们都能看见；改了，人们都仰望他。）小篆写作，还能看出原先的字形，隶书写作"更"以后，"丙"和"攴"都看不出来了。

"布"字,西周铜器铭文写作🔣,上面是"父",表示读音,下面是"巾",本义是指麻布。《说文解字》:"布,枲织也。从巾,父声。"(布,意思是麻织品。"巾"表示字义,"父"表示读音。)小篆写作🔣,还能看出原先的字形,隶书写作"布"以后,声旁"父"字看不出来了。

"表"字,战国文字写作🔣。《说文解字》:"表,上衣也。从衣,从毛。古者衣裘,以毛为表。"(表,意思是外衣。"衣"和"毛"合在一起表示字义。古人穿皮衣,把毛的一面放在外。)小篆写作🔣,还能看出原先的字形,隶书写作"表"以后,"毛"和"衣"都看不出来了。

"灰"字,战国文字写作🔣,上面是"又(手)",下面是"火",本义是指火熄灭后可以拿起来的灰烬。《说文解字》:"灰,死火余㶶也。从火,从又。又,手也。火既灭,可以执持。"(灰,火熄灭后余下的灰烬。"火"和"又"合在一起表示字义。"又"的意思是手。火已经灭了,可以拿起来。)小篆写作🔣,还能看出原先的字形,隶书写作"灰"以后,上面的"手"字看不出来了。

第八节　偏旁的位置

一、早期偏旁位置的随意性

初造字的时候,字体结构尚未定型,很多偏旁的位置在不

影响表义的前提下是比较随意的,可左可右,可上可下,例如:

（1）"好"字,甲骨文写作🅐、🅑,"女、子"可左可右。

（2）"伐"字,甲骨文写作🅐、🅑,"人、戈"可左可右。

（3）"休"字,甲骨文写作🅐、🅑,"人、木"可左可右。

（4）"昔"字,甲骨文写作🅐、🅑,由"水"和"日"组成,本义是指远古时期洪水发生的日子。"水、日"可上可下。

（5）"名"字,甲骨文写作🅐、🅑、🅒。《说文解字》:"名,自命也。从口,从夕。夕者,冥也。冥不相见,故以口自名。"（名,意思是自报姓名。"口"和"夕"合起来表示字义。夕,意思是天色黑暗。黑暗相互看不见,所以口说自己的名字。）"夕"和"口"可左可右,还可以上下排列。

（6）"男"字,甲骨文写作🅐、🅑、🅒。《说文解字》:"男,丈夫也。从田,从力。言男用力于田也。"（男,意思是成年男人。"田"和"力"合起来表示字义,意思是说男子在田间劳动。）"力"和"田"可左可右,可上可下。

上面列举的是会意字,下面是形声字,例如:

（7）"鳳(凤)"字,甲骨文写作🅐、🅑,声符"凡"可左可右。

（8）"鷄(鸡)"字,甲骨文写作🅐、🅑,声旁"奚"可左可右。

（9）"河"字,甲骨文写作🅐、🅑,"河"是水名。《说文解字》:"河,水。出燉煌塞外昆仑山,发原注海。从水,可声。"（河,意思是水名。从敦煌塞外昆仑山流出,从水源发出注入渤海。"水"表示字义,"可"表示读音。）声旁"可"可左可右。

（10）"汝"字,甲骨文写作🅐、🅑,"汝"是水名。《说文解字》："汝，水。出弘农卢氏还归山，东入淮。从水，女声。"
（汝，意思是水名。从弘农卢氏还归山流出，东边流入淮河。
"水"表示字义，"女"表示读音。）声旁"女"可左可右。

二、早期偏旁的严谨性

甲骨文的偏旁可左可右，可上可下，看似比较随意，其实
仔细观察就会发现，在字义表达上有些偏旁的大小和朝向是
相当严谨的。例如：

（1）"好"字，"女"和"子"可左可右，但几乎都是"女"大
"子"小，以此表示"女人有孩子"的意思。刘志基说："从字
形上看，甲骨文'好'字'女'、'子'两个部件虽有不同位置、
不同方向的多种构形方法，但却有一个非常明显的共同点，
即'女'大'子'小……这种关系无疑是为了表明'好'中之
'女'，是一个成年妇女的形象，而'子'则是一个婴孩的形象，
且为'女'所生产。"①

（2）"伐"字，"人"和"戈"可左可右，但都是"人"背对着
"戈"，大概那时候杀人是从背后下手的，无一例外。

（3）"休"字，"人"和"木"可左可右，但都是"人"背靠着
"木"，以表示人背靠着树休息，无一例外。

再看几个字：

---

① 刘志基：《汉字与古代人生风俗》第24页，华东师范大学出版社
1995年。

（4）"死"字，甲骨文写作、，像人跪拜在朽骨旁，表示向死者致祭。"人"和"歺"可左可右，但都是"人"面对着朽骨"歺"，无一例外。

（5）"祝"字，甲骨文写作、，像人跪在神主前祝祷。"人"和"示"可左可右，但大都是"人"面对着神主"示"，几无例外①。

（6）"及"字，甲骨文写作、，像手抓住一个人。"人"和"又"可左可右，但是大多数都是手从后面抓人的，少有例外②。

（7）"役"字，甲骨文写作、，像手持棍棒驱赶人。"人"和"殳"可左可右，但都是"殳"在"人"背后，无一例外③。

（8）"牧"字，甲骨文写作、、、，像手持鞭杆放牧牛羊。"牛"或者"羊"和"攵"不管在左还是在右，都是手持鞭杆对着牛羊。

---

① 中国科学院考古研究所编辑《甲骨文编》（1965）"祝"字条下有21字，只有1个是"人"背对着"示"的。刘钊、洪飏、张新俊编纂《新甲骨文编》（2009）"祝"字条下有"示"字旁的"祝"字18字，都是面对"示"字的。

② 中国科学院考古研究所编辑《甲骨文编》（1965）"及"字条下有30字，只有3个"手"在"人"前。刘钊、洪飏、张新俊编纂《新甲骨文编》（2009）"及"字条下有33字，只有3个疑似"手"在"人"前。

③ "役"字甲骨文是"人"字旁，《说文解字》作"彳"字旁，意思是戍守边疆。

（9）"折"字，甲骨文写作🪓、🪓。《说文解字》："折，断也。从斤断艸。"（折，意思是断。用斧子砍断草木。）"草"和"斤"可左可右，但都是斧刃对着草木。

（10）"析"字，甲骨文写作🪓、🪓。《说文解字》："析，破木也。一曰折也。从木，从斤。"（析，意思是劈开木头。一种说法是折断。"木"和"斤"合起来表示字义。）"木"和"斤"可左可右，但都是斧刃对着草木。段玉裁在"析"字下注："以斤破木，以斤断艸，其义一也。"

（11）"取"字，甲骨文写作🖐、🖐，用手拿耳朵表示获取。"耳"和"又"可左可右，但都是手心对着耳朵，无一例外。

（12）"得"字，甲骨文写作🖐、🖐、🖐、🖐，像手里拿着一个贝，意思是在路上有所获得。"贝"和"手"可左可右，可上可下，但都是手心对着贝。

（13）"即"字，甲骨文写作🍲、🍲，像人跪在食器前，表示靠近吃饭。"人"和"食"可左在右，但都是"人"面对着食器。

（14）"既"字，甲骨文写作🍲、🍲，像人跪在食器前，"人"和"食"可左可右，但人都是扭头朝外，表示已经吃完了。也有少数写作🍲，连身子都转了过去。还有写作🍲的，身子转过去了，但是脸还对着食器。

再看一个"后"字，甲骨文写作🧍、🧍，上面是人，下面是头朝下的孩子，意思是女人在生孩子。还有的加小点儿写作🧍，小点儿像是血水。也有的繁写作🧍、🧍，上面是"女"，"女"上面还有带头饰的，这两个字后来隶定为"育"或"毓"。表示生孩子的字，不管偏旁在左还是在右，字体简略还是繁复，都是倒"子"在"女"下，而且"女"大，"子"小，几无例外[①]。

刘钊在《古文字构形学》中提到，詹鄞鑫《研契论丛·释⛭》和萧良琼《卜辞文例与卜辞整理和研究》的文章中指出甲骨文"车"字残缺的写法，是表示车子颠覆，或者车轴、车辕、车衡损坏。称这种现象是"随文改字"，说："这些车字在书写时，作了一些与所处的辞句所表达的意义相对应的改造，以便更明显地揭示辞义。"[②]为了更明显地揭示词义，在细微处作了相应的改造，正说明甲骨文的书写在某种情况下是相当严谨的。

三、现代汉字偏旁位置类型

汉字的偏旁位置西周铜器铭文开始逐渐固定，陈炜湛、唐钰明说："如偏旁彳，甲骨文置于左或右均可，金文则基本定在左。"[③]梁东汉说："在方块汉字体系里，同一个字往往有两种以上不同的结构，特别是在没有定型化以前，它的结构是处在摇摆不定的状态中的。例如，甲骨文'德'字写成🈀，也可以写成𢛳，这是结构上的矛盾。由于'彳'在左边写起来比较方

---

① 刘钊、洪飏、张新俊编纂《新甲骨文编》(2009)"育"字条下有58字，只有1个倒"子"在"女"字旁边。

② 刘钊：《古文字构形学》第66页，福建人民出版社2006年。

③ 陈炜湛、唐钰明编著：《古文字学纲要》第104页，中山大学出版社1988年。

便，所以多数都写在左边。在两周金文里，'彳'写在左边的就占了绝对的优势。后来小篆划一文字，隶楷继承小篆，写法定型化，'彳'这个义符就绝没有写在右边的。"①

由于李斯的整理，小篆偏旁位置基本固定下来，高明说："秦篆根据各种形旁的不同条件，分别确定在字体中的不同位置。像金字形旁，一律置于字体中的左侧，仅有个别字放在下部，改正了在古文字中形旁位置不固定的弊病。现在的汉字，如人、氵、木、言、纟、食等形旁一般皆位于字体左侧；页、刀、攴、殳、隹等形旁皆位于字体右侧，彼此位置不能随意颠倒，这是从秦篆开始确定的原则。"②

小篆固定了的偏旁位置，到了隶书，由于字形不同，有的又有些变化，例如：

"随"字，最早见于战国文字，写作𨽶，小篆写作𨽻，从辵，隋声，意思是跟从，"辵"在"隋"的左边。隶书"辵"做偏旁时简写作"辶"，"辶"形体单薄，为了平衡字体结构，插入"隋"字中间，写作"随"，简化字写作"随"。

再如：

"髟"字旁的字，"髮、鬘、髻、鬟、髭、鬘"小篆写作𩠐、𩠚、𩠺、𩡝、𩡧、𩢈，因为小篆是比较长方的，为了适应小篆字体的平衡律，就把"髟"字左边的"镸"拉长，使它适应长方的形式，

---

① 梁东汉：《汉字的结构及其流变》第 54 页，上海教育出版社 1959 年。
② 高明：《中国古文字学通论》第 166 页，北京大学出版社 1996 年。

而"彡"搁在右上角,约占右边三分之一的面积,它们的声旁"犮、卷、吉、賓、兀、睘"则蜷缩在右下角。到了隶书楷书,字体变成扁平,为了适应隶书的平衡律,这些字的偏旁位置就采用上下的形式。梁东汉在讲述上面"彭"的位置变化的原因时说:"一种字体有一种字体的平衡律,也就是说,普遍性中又有特殊性。例如:小篆的平衡律就不同于隶书楷书的平衡律。"①

现代汉字偏旁位置主要为下面 3 种类型:

左右式:明、从、休;们、根、沐;视、欣、锦。

上下式:笔、炎、名;空、零、菜;想、舅、堡。

内外式:囚、匠、向;闱、衷、衢;闷、哀、随。

左右式的 1—3 是会意字,4—9 是形声字,4—6 是左形右声,7—9 是左声右形。

上下式的 1—3 是会意字,4—9 是形声字,4—6 是上形下声,7—9 是上声下形。

内外式的 1—3 是会意字,4—9 是形声字,4—6 是外形内声,7—9 是外声内形。

汉字偏旁位置左右排列的最多,有人做过统计,在 7000 个现代汉语通用字中,属于形声结构的有 5631 个,其中左右排列的有 4161 个,占形声结构的 73.89%②。这还不包括左右排列的会意字。

---

① 梁东汉:《汉字的结构及其流变》第 79 页,上海教育出版社 1959 年。
② 康加深:《现代汉语形声字形符研究》,见苏培成选编:《现代汉字学参考资料》第 129 页,北京大学出版社 2001 年。

左右排列的形声字中，绝大多数都是左形右声，在 4161 个左右排列的字里面，左形右声的有 3797 个，占 91.25%；右形左声的有 364 个，占 8.75%[①]。例如：

"礻"字旁的"礼、神、福、祸、禄、禅、祖、祷、祥、祺、祀、祇、祠"都是左形右声，只有"视、祁"是左声右形。

"钅"字旁的"钢、银、铁、钉、钗、钟、锅、键、铺、铃、锋、锁、锈"都是左形右声，只有"钦、锦"是左声右形。

"饣"字旁的"饭、馒、饼、饺、馅、馊、饵、馋、饿、饱、饥、馆、馍"都是左形右声，只有"饰、饬"字是左声右形。

而偏旁是"氵、扌、讠、礻"的形声字全都是左形右声，只有"鸟、页、欠"等少数几个偏旁是左声右形，例如：

"鸟"字旁的"鸭、鹅、鸥、鸽、鹃、鹌、鹊、鹤、鹩、鹦、鹿、鹏、鸨"等。

"页"字旁的"颈、颊、颐、颧、额、颅、顶、领、颜、烦、颁、顾、项"等。

"欠"字旁的"歌、欢、欣、欷、歔、欺、欲、歇、歉、欧、钦"等。

四、偏旁小位

在上面内外式的"外形内声"和"外声内形"两种排列形式中，"衷、衢、哀、随"4 个字的偏旁"中、瞿、口、辶"是分裂另

① 康加深：《现代汉语形声字形符研究》，见苏培成选编：《现代汉字学参考资料》第 129 页，北京大学出版社 2001 年。

一偏旁插入其间的,这类现象常见的还有:

"舆"字,本义为车厢,从车,舁声,形旁"车"插在"舁"上部中间。

"赢"字,本义为获利,从贝,羸声,形旁"贝"插在"羸"下部中间。

"徽"字,本义为绳索,从糸,微省声,形旁"糸"夹在下部中间。

"街"字,本义为街道,从行,圭声,声旁"圭"插在"行"的中间。

这些偏旁大都处在一个比较狭小的位置,因此形体比较小,我们称之为"偏旁小位"。偏旁小位更多的是在字的角落,例如:

"荆"字,本义为灌木,从艹,刑声,形旁"艹"在左上角。

"疆"字,本义为疆土,从土,彊声,形旁"土"在左下角。

"颖"字,本义为禾穗,从禾,顷声,形旁"禾"在左下角。

"穀"字,本义为谷类,从禾,殸声,形旁"禾"在左下角。

"霸"字,本义为初月,从月,䨣声,形旁"月"在右下角。

"赖"字,本义为赢利,从贝,剌声,形旁"贝"在右下角。

"修"字,本义为修饰,从彡,攸声,形旁"彡"在右下角。

"佞"字,本义为巧言,从女,仁声,形旁"女"在右下角。

"腾"字,本义为马跃,从马,朕声,形旁"马"在右下角。

"徒"字,本义为步行,从辵,土声,声旁"土"在右上角。

"载"字,本义为乘坐,从车,𢦏声,形旁"车"在左下角。

在 5631 个形声结构中,形占一角和声占一角的共有 398 字,占形声结构的 7.06%[①]。

下面几个会意字也是偏旁小位,只是字体变化不容易看出来了。例如:

"咎"字,战国文字写作 ![篆字]。《说文解字》:"咎,灾也。从人,从各。各者,相违也。"(咎,意思是灾祸。"人"和"各"合起来表示字义。各,意为相违背。)"咎"的本义是上天对人的罪过所降下的灾祸。"人"在字右上角,且已变形。

"敖"字,小篆写作 ![篆字],《说文解字》:"敖,出游也。从出,从放。"(敖,意思是出游。"出"和"放"合起来表示字义。)段玉裁注:"《邶风》曰:'以敖以游。'敖、游同义也。"(《诗经·邶风》说:"出门去游玩。""敖"和"游"意思相同。)"敖"的形旁"出"在字左上角,且已变形。

偏旁小位是为了平衡字的结构,但是由于偏旁形体小且位置不显著,所以其表义、表音的身份常被忽视。而那种分裂另一偏旁插入其间的,则又损害了另一偏旁的表义或表音功能。偏旁小位不仅影响到对字义和字音的理解,也容易造成偏旁误判,例如:把"随"字误认作"阝"字旁,把"荆"字误认作"刂"字旁,把"颖"字误认作"页"字旁,把"霸"字误认作"雨"字旁,把"腾"字误认作"月"字旁,把"徒"字误认

---

① 康加深:《现代汉语形声字形符研究》,见苏培成选编:《现代汉字学参考资料》第 129 页,北京大学出版社 2001 年。

作"彳"字旁,把"咎"字误认作"口"字旁,把"敖"字误认作
"攵"字旁,等等。

如果一个字既是偏旁小位又是省声或省形,其表音、表义
功能就都会受到影响。例如:

"渠"字,《说文解字》:"渠,水所居。从水,榘省声。"(渠,
意思是水停积处。"水"表示字义,"榘"表示读音,"榘"做声
旁时省去左上角的"矢"。)"渠"的形旁"氵"在字的左上角。

还有前面讲过的"黎"字,《说文解字》说:"黎,履黏也。
从黍,称省声。""称"在字的右上角,一是空间小,二是避免与
"黍"字的"禾"重复,于是省去了"称"的"禾"字旁。如果不
了解"黎"字的构成,不知道偏旁小位和省声,不只是找不到
声旁,也很难看出形旁。

有的偏旁因为形体小而且位置不显著,在字形演变中消
失了,例如:"壹"字,小篆写作 🔳,《说文解字》:"壹,专壹也。
从壶,吉声。"(壹,意思是专一。"壶"表示字义,"吉"表示读
音。)小篆的"吉"在"壹(壶)"的肚子里,到了隶楷,"壶"不
像壶了,声旁"吉"字也不见了。

下编　偏旁问题

第一节　偏旁位置不同的问题

现代汉字偏旁位置不同的字分为两类，一类意思相同，是一个字；一类意思不同，是两个字。

一、偏旁位置不同，意思相同的字

鞍——䧾	岸——屵	慚——慙	翅——翄	詞——䛐
鶓——鷠	蹴——蹵	婀——娿	峰——峯	概——槩
稿——槀	够——夠	規——槼	和——咊	匯——滙
魂——䰟	鑒——鑑	揪——揫	槪——㮣	闊——濶
辣——㶯	裏——裡	鄰——隣	略——畧	蟆——蟇
謨——譕	幕——幙	拿——㧱	飄——飍	啓——啟
棋——棊	鍬——鍫	愜——㥦	秋——秌	群——羣
裙——裠	融——螎	颯——颬	挲——挱	晰——晢
脅——脇	蟹——蠏	胸——胷	氈——氊	崭——嶄

雜——襍　毗——毘　鵝——鵞——䳘 ①

上面列出的 48 组字例来自《第一批异体字整理表》，每组字字义一样，读音一样，只是偏旁位置不一样。这些义同、音同，偏旁位置不同的字属于异体字。

异体字没有什么用处，只是给字典编写增加负担，给汉语学习带来麻烦，1955 年中国政府在推行汉字简化时对异体字也做了整理，中华人民共和国文化部和中国文字改革委员会 1955 年联合公布了《第一批异体字整理表》。根据从简从俗的原则，对上面这些异体字选定其中一个形体作为规范字，其余的淘汰。

高更生说："在从俗的前提下，选取书写方便的写法。现在一般是横行书写的习惯，因而一个字如果同时具有左右、上下两种结构的写法，一般采用左右结构写法的字。" ② 例如：留"峰"去"峯"，留"群"去"羣"，留"略"去"畧"。

不过，也有根据习惯写法保留上下排列的。例如：留"案"去"桉"，留"岸"去"岍"，留"鉴"去"鑑"，留"裹"去"裡"，留"幕"去"幙"，留"拿"去"舒"，留"掌"去"抄"，留"胁"去"脇"，留"蟹"去"蠏"，留"崭"去"嶄"等。

对于都是左右排列的字，按照从俗的原则，即保留人们

① 中华人民共和国文化部、中国文字改革委员会关于发布《第一批异体字整理表》的联合通知（1955 年 12 月 22 日）。其实"鹅"字还有一个写法，鵞。

② 高更生：《现行汉字规范问题》第 259 页，商务印书馆 2002 年。

的习惯写法。例如：留"翅"去"䎅"，留"够"去"夠"，留"和"去"咊"，留"匯"去"滙"，留"閣"去"濶"，留"辣"去"辢"，留"鄰"去"隣"，留"飄"去"飂"，留"秋"去"秌"，留"融"去"螎"，留"颯"去"颰"，留"甂"去"㼡"。

下面看一下偏旁位置不同的几个字的来龙去脉。

"匯——滙"，原本只写作"匯"，《说文解字》："匯，器也。从匚，淮声。"（匯，意思是器皿。"匚"表示字义，"淮"表示读音。）"匯"原本是一种器物，跟水没有关系。后来"匯"字也表示河流汇合的意思，于是出现了"氵"写在外边的"滙"字，再后来简写作"汇"，汉字简化时用"汇"取代"匯"和"滙"作为规范字。

"閣——濶"，原本只写作"閣"，《说文解字》："阔，疏也。从门，活声。"（阔，意思是疏远、远离。"门"表示字义，"活"表示读音。）"昏"后来写作"舌"，于是"活"写作"活"。关于"活"在"门"里的"阔"字，《三国演义》七十二回有一则故事："操尝造花园一所；造成，操往观之，不置褒贬，只取笔于门上书一'活'字而去。人皆不晓其意。修曰：'门内添活字，乃阔字也。丞相嫌园门阔耳。'"再往后，出现"氵"在门外边的"濶"字。

"鄰——隣"，原本只写作"鄰"，《说文解字》："鄰，五家为鄰。从邑，粦声。"（鄰，意思是五家毗连为鄰。"邑"表示字义，"粦"表示读音。）"鄰（邻）"是古代的一种居民组织，《周礼·地官·遂人》："五家为邻，五邻为里。"（五家为一邻，五邻为一里。）隶书以后出现"阜"字旁的"隣（隣）"。"鄰（邻）"的本义是在附近的人家，理当是"邑"字旁的"鄰（邻）"，而不是"阜"字旁的"隣（阾）"。

二、偏旁位置不同，意思不同的字

下面这些字偏旁位置不同，意思不同，是两个不同的字。

陪——部　邮——陲　郏——陕　猶——猷　含——吟

杏——呆　旮——旯　吴——吞　呆——杏　昱——音

因为第一类字的存在，所以在学习时容易把第二类字误认为是第一类的，以为是偏旁位置不同的异体。遇到这类字，如果不能确定，就要查字典。例如："裏"和"裡"，"裏"可以写作"裡"，是一个字的异体；"裏"不可以写作"裸"，是两个不同的字。下面来看一下"陪"和"部"的不同及其源流。

"陪"的"阝"字旁在左边，原本是"阜"，"阜"甲骨文写作 ，像土山的形状，"陪"的本义是重叠的土堆。《说文解字》："陪，重土也。从阜，咅声。"（陪，意思是重叠的土堆。"阜"表示字义，"咅"表示读音。）有左"阝"旁的字大都跟地势高低不平有关，例如"陡、险、降、阻"等。

"部"的"阝"字旁在右边，原本是"邑"，"邑"甲骨文写作 ，上面的"囗"表示城市，下面是跪坐的人，意思是人们聚居的地方，"部"的本义是地名。《说文解字》："部，天水狄部。从邑，咅声。"（部，意思是天水狄部所在地。"邑"表示字义，"咅"表示读音。）有右"阝"旁的字大都跟地方有关，例如"都、郭、郊、郡"等。

第二节　偏旁形体不同的问题

上面讲了偏旁位置不同的异体字,其实,它们只是异体字的一小部分,异体字更多的是意思相同、读音相同,偏旁形体不同。例如:

灾——災　泪——淚　嵩——崧　唇——脣　咏——詠
糠——穅　粮——糧　聪——聰　笋——筍　凉——涼
耻——恥　節——莭

中国历史悠久,疆域辽阔,人口众多,但是古代交通很不发达,几千年来,人们在不同的时期,不同的地方,为同一个字造出了不同的字体。明陈第说:"时有古今,地有南北,字有更革,音有转移。"这句话也可以用来说明异体字产生的原因。这些音同、义同、字体不同的字逐渐地被人们接受,被字书收录,也就保留了下来。异体字的数量很多,据统计,汉朝《说文解字》的9353个汉字中,异体字有1100多个(重文)。清朝《康熙字典》的47000多个汉字中,异体字有10000多个。现代《汉语大字典》的54678个汉字中,异体字约有20000左右[1]。

偏旁不同的异体字,有的是造字意图不同,例如"灾"和"災";有的是造字方式不同,例如"泪"和"淚";有的是形旁不同,例如"唇"和"脣";有的是声旁不同,例如"粮"和"糧",下

---

① 韩敬体:《异体字及其在现代汉字系统中的处理》,见张书岩主编:《异体字研究》第196页,商务印书馆2004年。

面我们举例讲解。

"灾"和"災",都表示灾祸,都是会意字,"灾"甲骨文写作 ⚞,上面是房子,下面是火,用房子着火表示灾祸;"災"甲骨文写作 ≋,用大水表示灾祸,小篆加"火"写作"災"。甲骨文还有一种是 ✝(𢦏),意思是兵灾。后来"灾"和"災"保留了下来。

"泪"和"淚",都表示眼泪,"泪"是会意字,"水"和"目"合起来表示眼泪;"淚"是形声字,"水"表示字义,"戾"表示读音。

"嵩"和"崧",都表示高山,"嵩"是会意字,"山"和"高"合起来表示山高;"崧"是形声字,"山"表示字义,"松"表示读音。

"唇"和"脣",都表示嘴唇,都是形声字,"唇"的形旁是"口","脣"的形旁是"月","口"和"月"都与身体有关。

"裙"和"帬",都表示衣裙,都是形声字,"裙"的形旁是"衣","帬"的形旁是"巾","衣"和"巾"都是裙子的布料。

"咏"和"詠",都表示诵读,都是形声字,"咏"的形旁是"口","詠"的形旁是"言","口"和"言"都与张口说话有关。

"糠"和"穅",都表示稻谷的皮壳,都是形声字,"糠"的形旁是"米","穅"的形旁是"禾","米"和"禾"都与庄稼有关。

"粮"和"糧",都表示粮食,都是形声字,"粮"的声旁是"良","糧"的声旁是"量"。

"聪"和"聰",都表示洞察,都是形声字,"聪"的声旁是"总","聰"的声旁是"怱"。

"笋"和"筍",都表示竹笋,都是形声字,"笋"的声旁是

"尹","筍"的声旁是"旬"。

"迹、跡、蹟",都表示人或者什么东西留下的印子,都是形声字,"迹"的形旁是"辶","跡"的形旁是"足","辶"和"足"都与走路有关;"蹟"的声旁是"责","迹、跡"的声旁是"亦","责"和"亦"读音相近。这三个字有的形旁不同,有的声旁不同,但是字义相同,读音相同。

前面列举的"唇"和"脣"、"裙"和"帬"、"咏"和"詠"、"糠"和"穅"四组异体字是形旁不同。形旁不同的现象在造字初始就已经有了,唐兰说:"凡是研究语言音韵的人,都知道字音是有通转的,但字形也有通转,这是以前学者所不知道的。"[①]唐兰列出通转的三条规律:(一)有些型式,在后世看来是很有分别的,但在发生的历史里,原是从一个系统里演变出来的,所以可以通用,也可以随便写;(二)凡同部的文字,在偏旁里可以通用——只要在不失本字特点的时候,例如:大、人、女,全像人形,所以在较早图形文字,常可通用;(三)凡义相近的字,在偏旁里可以通转,像"巾"和"衣"通,所以"常、帬、帙"等字可以作"裳、裙、袟"等。

高明也说:"在古体形声字中,如果两种形旁意义相近,即可互相代用,并不因更换形旁而改变本字的意义。"高明在《中国古文字学通论》中有一节专门讲"意义相近的形旁互为通用",并列出甲骨文、铜器铭文和小篆等古文字中 32 组形

---

① 唐兰:《古文字学导论》(增订本) 第 231—242 页,齐鲁书社 1981 年。

旁通用的例子,有"人"与"女"、"儿"与"女"、"首"与"页"、"目"与"见"、"心"与"言"、"肉"与"骨"、"日"与"月"、"禾"与"米"、"口"与"言"等①。

还有一种偏旁不同的异体字,是使用过程中由于某种原因变换偏旁造成的。例如:

"涼"和"凉","涼"最早写作"涼",本义是指水多味淡的薄酒。《说文解字》:"涼,薄也。从水,京声。"(涼,意思是淡薄的酒。"水"表示字义,"京"表示读音。)段玉裁注:"薄则生寒,又引伸为寒。如'北风其涼'是也。"(薄弱就生出寒冷,于是引申为寒冷的意思。例如《诗经·邶风·北风》说:"北风寒冷。")《玉篇》水部:"涼,薄寒皃。"(涼,是微寒的样子。)后来"涼"的常用义为寒冷,于是出现"冫"字旁的俗体"凉",《玉篇》冫部:"凉,俗涼字。"

"耻"和"恥","耻"最早写作"恥",战国文字写作 ,本义是心里感到羞耻。《说文解字》:"恥,辱也。从心,耳声。"(恥,意思是羞辱。"心"表示字义,"耳"表示读音。)蒋善国说:"'恥'字小篆作 ,本从心、耳,后来多作耻,这是因为隶变时止字的隶体作 ,跟心字形体相似的缘故。"②也有人认为,"恥"之所以讹变作"耻"是二者的草书形体相近,草书楷

---

① 高明:《中国古文字学通论》第 129—159 页,北京大学出版社 1996 年。

② 蒋善国:《汉字形体学》第 192 页,文字改革出版社 1959 年。

化①后造成的②。还有一个原因，裘锡圭说："'耻'字写作'耻'，始见于东汉碑刻，可能当时'耳'、'恥'二字的读音已经有了很大距离，有的人不知道'耳'是声旁，就把'心'旁改成了读音与'恥'相近的'止'（汉隶中'止'和'心'的字形相当接近）。"③

像"耻"和"恥"这种因为隶书、草书形近而改换偏旁的字，还有"邪"和"耶"等。

"邪"和"耶"，最早写作"邪"，本义是地名。《说文解字》："邪，琅邪郡。从邑，牙声。"（邪，意思是琅邪郡名。"邑"表示字义，"牙"表示读音。）段玉裁注："近人隶书从耳作耶，由牙、耳相似。"（近人隶书写作"耳"字旁的"耶"，是因为"牙"和"耳"相似。）隶书的**牙**（牙）和**耳**（耳）形体相似，于是"邪"错写成"耶"。不过，改换偏旁后，"邪"和"耶"成为两个不同的字。

第三节　偏旁不表义的问题

偏旁不表义的问题是说现代汉字中有一些形旁不表义，原因大致有下面几种。

---

① "草书楷化"是指把草书字形用楷书笔法写出来。
② 李圃：《正本清源说异体》，《语言研究》2003 年第 1 期第 80 页。
③ 裘锡圭：《文字学概要》（修订本）第 14 页，商务印书馆 2013 年。

一、字义发生变化,使得形旁不表义

语言发展演变过程中字义发生变化,字义变化后,其形旁所表示的含义和字义有了不同,这一类字的形旁也就不表义了。例如:

(1)"水"字,甲骨文写作 ,像水流的形状,本义是水。"氵"字旁的字大都与水有关系,例如"江、泪、汤、酒、汗"等,但是"表演"的"演"、"逐渐"的"渐"、"贤淑"的"淑"、"派别"的"派"、"淫荡"的"淫",似乎跟水没有关系。其实,溯其本源,它们都是有关联的。

"演"字,本义是水流漫长。《说文解字》:"演,长流也。一曰水名。从水,寅声。"(演,意思是漫长的水流。另一说是河水名。"水"表示字义,"寅"表示读音。)

"渐"字,本义是河水名。《说文解字》:"渐,水。出丹阳黝南蛮中,东入海。从水,斩声。"(渐,意思是水名。出自丹阳黝南蛮中,东边流入大海。"水"表示字义,"斩"表示读音。)

"淑"字,本义是水流清澈。《说文解字》:"淑,清湛也。从水,叔声。"(淑,意思是水流清澈。"水"表示字义,"叔"表示读音。)

"派"字,本义是分支的水流。《说文解字》:"派,别水也。从水,从辰,辰亦声。"(派,意思是分支的水流。"水"和"辰"合起来表示字义,"辰"也表示读音。)毛泽东《菩萨蛮·黄鹤楼》:"茫茫九派流中国,沉沉一线穿南北。"

"淫"字，本义是下雨太久，雨量过度。《说文解字》："淫，侵淫随理也。从水，㸒声。一曰久雨为淫。"（淫，意思是随着脉理逐渐侵润。"水"表示字义，"㸒"表示读音。一种说法是下雨久了叫作"淫"。）范仲淹《岳阳楼记》："若夫淫雨霏霏，连月不开。"（像那阴雨连绵不断的时候，几个月都不能放晴。）

（2）"车"字，甲骨文写作車，像车的形状，本义是车。"车"字旁的字大都与车辆有关系，例如"轧、轨、载、辆、辙"等，但是"柔软"的"软"、"轻松"的"轻"、"斩杀"的"斩"、"连接"的"连"、"舆论"的"舆"，似乎跟车没有关系。其实，溯其本源，它们都是有关联的。

"软"字，本义是丧车。《说文解字》："輀，丧车也。从车，而声。"（輀，意思是运灵柩的车。"车"表示字义，"而"表示读音。）右边原先是"而"，小篆写作輀（輀），后来字体发生了变化，把"而"错写成"欠"字。

"轻"字，本义是没有载物的空车。《说文解字》："轻，轻车也。从车，㞏声。"段玉裁注："轻本车名，故字从车。引申为凡轻重之轻。"徐灏段注笺："车载衣物谓之辎重，其无所载者谓之轻车。"

"斩"字，本义是拦腰斩断的刑罚。《说文解字》："斩，截也。从车，从斤。斩法车裂也。"（斩，意思拦腰斩断。"车"和"斤"合起来表示字义，"斩"是效法车裂。）段玉裁在"斩法车裂也"下注："此说从车之意。盖古用车裂，后人乃法车裂之意而用铁钺，故字亦从车。斤者，铁钺之类也。"（说从"车"字旁，是因为古代用车裂，后人效法车裂而用刀斧，所以字也有"车"字旁；"斤"字，是刀斧之类的武器。）"车裂"是古代一种刑罚，把人的头和四肢分别绑在五辆车上，然后向不同的方向拉，使人身体分裂，战国人商鞅就是受了车裂之刑的，也叫作"五马分尸"。也有字书说，"斩"是斩木做车。

"连"字，本义是指人拉车。《说文解字》："连，员连也。从辵，从车。"（连，意思是员连也。"辵"和"车"合起来表示字义。）段玉裁注："员连，负车也。负车者，人挽车而行，车在后如负也。字从辵、车会意，犹輦从㚘、车会意也。人与车相属不绝，故引伸为连属字。"（员连，意思是负车。负车的意思是，人拉着车而行进，车在后面就像背负着车。字由"辵、车"合起来表示意思，像"輦"字由两个人的"㚘"和"车"合起来表示意思一样。人与车连接不断，所以引伸为连属的意思。）

"舆"字，本义是车厢。《说文解字》："舆，车舆也。从车，舁声。"（舆，意思是车厢。"车"表示字义，"舁"表示读音。）"舆"字甲骨文写作𦥔，像四只手抬着车。古人把没有轮子的车叫作"舆"，相当于后世的轿子，"肩舆"的"舆"即为本义。"舆论"的"舆"的众多义，即源于"众手所举"义[1]。

（3）"雨"字，甲骨文写作𠕒，像下雨的形状，本义是下雨。"雨"字旁的字大都跟天象有关系，例如"雪、霜、霞、雷、霏"等，但是"零星"的"零"、"需要"的"需"、"霎时"的"霎"、"震

---

[1] 左安民:《细说汉字》第364页，九州出版社2005年。

动”的“震”、“霍然”的“霍”,似乎跟天象没有关系。其实,溯其本源,它们都是有关联的。

“零”字,本义是徐徐而下的小雨。《说文解字》:“零,徐雨也。从雨,令声。”(零,意思是徐徐而下的小雨。“雨”表示字义,“令”表示读音。)《诗经·豳风·东山》:“我来自东,零雨其濛。”(我从东边回来,细雨濛濛。)

“需”字,本义是遇雨需要等待。《说文解字》:“需,頯也。遇雨不进,止頯也。从雨,而声。”(需,意思是等待。遇雨无法前进,停下等待。“雨”表示字义,“而”表示读音。)西周铜器铭文写作,上面是雨,下面是人,后来“人”字讹变为“而”。

“霎”字,本义是小雨。《说文解字》:“霎,小雨也。从雨,妾声。”(霎,意思是小雨。“雨”表示字义,“妾”表示读音。)

“震”字,本义是疾雷。《说文解字》:“震,劈歷,振物者。从雨,辰声。《春秋传》曰:‘震夷伯之庙。’”(震,意思是劈历,是振动万物的疾雷。“雨”表示字义,“辰”表示读音。《春秋传》说:“响雷击中夷伯的庙堂。”)段玉裁注:“劈历,疾雷之名。”(劈历,是疾雷的名字。)

“霍”字,前面说了,本义是群鸟在雨中疾飞的声音。《说文解字》:“靃,飞声也。雨而双飞者其声霍然。”(靃,意思是飞的声音。雨中双鸟齐飞,声音霍霍作响。)

(4)“辶”字,甲骨文写作,像在路上行走,本义是行走。后来省去“行”字的一半,写成上“彳”下“止”的“辵”,隶变后简写作"辶"。"辶"字旁的字大都跟走路有关系,例如"道、远、送、进、追"等,但是"逼迫"的"逼"、"叙述"的"述"、"这里"的"这"、"透明"的"透"、"选择"的"选",似乎跟走路没有关系。其实,溯其本源,它们都是有关联的。

"逼"字,本义是迫近、接近。《说文解字》新附:"逼,近也。从辵,畐声。"(逼,意思是走近。"辵"表示字义,"畐"表示读音。)唐陈子昂《度峡口山赠乔补阙知之王二无竞》:"远望多众容,逼之无异色。"(远望山形千姿百态,走近却没有奇特的景色。)

"述"字,本义是遵循已有的道路。《说文解字》:"述,循也。从辵,术声。"(述,意思是遵循,顺着。"辵"表示字义,"术"表示读音。)清朱骏声《说文通训定声》:"由故道为述。"(循着已有的道路就是述。)《礼记·中庸》:"父作之,子述之。"(父辈开创了事业,子辈遵循下去。)

"這(这)"字,本义是迎接。《玉篇》辵部:"这,迎也。"(这,意思是迎接。)有人说"這"是"適"的古俗体字,表示去、前往。因为篆文𠷢(啻)和𧧎(言)形体相近,隶变后俗体楷书写作"這",借来表示"迎接"义[1]。

"透"字,本义是跳跃、跳入。《说文解字》新附:"透,跳也,过也。从辵,秀声。"(透,意思是跳跃。"辵"表示字义,"秀"表示读音。)《南史·后妃传下》:"遂逼令自杀,妃知不免,乃透

---

[1] 谷衍奎编:《汉字源流字典》第 484 页,语文出版社 2008 年。

井死。"（于是逼徐妃自杀，徐妃自知躲不过，于是跳井而死。）

"選（选）"字，本义是遣送、放逐。《说文解字》："选，遣也。从辵、巽。巽，遣之。巽亦声。一曰选，择也。"（选，意思是遣送、放逐。"辵"和"巽"合起来表示字义。"巽"表示遣送、放逐。"巽"也表示读音。另一说，选是选择。）

（5）"页"字，甲骨文写作𦣻，上边像人头，下边像人身，本义是人的头部。"页"字旁的字大都跟头有关系，例如"颈、颊、额、顶、领"等，但是"题目"的"题"、"烦恼"的"烦"、"颁发"的"颁"、"停顿"的"顿"、"顷刻"的"顷"，似乎跟头没有关系。其实，溯其本源，它们都是有关联的。

"题"字，本义是额头。《说文解字》："题，额也。从页，是声。"（题，意思是额头。"页"表示字义，"是"表示读音。）《山海经·北山经》："有兽焉，其状如豹，而文题白身。"（有野兽在那里，它的形状像豹子，额头有花纹，白色的身体。）"标题、题目"当是由"题"的本义"额头"引申来的，王宁说："'题'与'顶'、'颠'、'天'同源，都指动物、人最高最前的地方，'题'引申为文题，可以知道文章的题是先文而有之的。"[1]

"烦"字，本义是发烧头疼。《说文解字》："烦，热头痛也。从页，从火。"（烦，意思是发烧头疼。"页"和"火"合起来表示字义。）

---

[1] 王宁：《汉语词源的探求与阐释》，《中国社会科学》1995 年第 2 期第 174 页。

"颁"字，本义是大头。《说文解字》："颁，大头也。从页，分声。《诗》曰：'有颁其首。'"（颁，意思是大头。"页"表示字义，"分"表示读音。《诗经·小雅·鱼藻》说："那个大脑袋啊。"）

"顿"字，本义是头下至地面，即磕头。《说文解字》："顿，下首也。从页，屯声。"（顿，意思是头朝下至地。"页"表示字义，"屯"表示读音。）北周庾信《哀江南赋》："申包胥之顿地，碎之以首。"（申包胥叩头至地，头颅破裂。）

"颇"字，本义是头不正。《说文解字》："颇，头不正也。从匕，从页。"（颇，意思是头不正。"匕"和"页"合起来表示字义。）段玉裁注："匕，头角而不正方，故头不正从匕曰颇，引伸为凡倾仄不正之偁。今则'倾'行而'颇'废，专为'俄顷、顷亩'之用矣。"（匕的头是角状而不方正的，所以头不正用"匕"字叫作"颇"，引申为所有倾斜不正之称。现在"倾"字流行而"颇"字不用，"顷"专用于表示时间的"俄顷"、表示地积的"顷亩"。）"顷刻之间"的"顷"、"碧波万顷"的"顷"即源于此。

（6）"巾"字，甲骨文写作𠕁，像佩巾下垂的形状，本义是织物。"巾"字旁的字大都跟织物有关系，例如"帛、帕、布、幕、带"等，但是"经常"的"常"、"统帅"的"帅"、"希望"的"希"、"钱币"的"币"、"帮助"的"帮"，似乎跟织物没有关系。其实，溯其源头，它们都是有关联的。

"常"字，本义是古人的下衣。《说文解字》："常，下帬也。从巾，尚声。裳，常或从衣。"（常，意思是下身的裙子。"巾"表示字义，"尚"表示读音。裳，"常"有时候下面写作"衣"。）

《逸周书·度邑》："叔旦泣涕于常,悲不能对。"（姬旦哭泣,泪水流到裙子上,悲痛得不能回答。）"常"和"裳"原先是一个字。

"帅(帅)"字,本义是佩巾。《说文解字》："帅,佩巾也。从巾,自(声)。"（帅,意思是佩带的织巾。"巾"表示字义,"自"表示读音。）

"希"字,本义是质地稀疏的织物。战国文字写作𢁐,上面是"爻",像篱笆稀疏的样子,后来简写作"𠂒";下边是"巾",表示织物。

"幣(币)"字,本义是古人用作礼物的丝织品。《说文解字》："幣,帛也。从巾,敝声。"（幣,意思是丝织品。"巾"表示字义,"敝"表示读音。）近代金融界出现了用"幣"字的第一笔"丿"取代"敝"的简体"币"字。以前印刷体"幣"字写作"幣",第一笔是"丿"[①]。

"幫(帮)",本义是鞋帮。《集韵》唐韵："幫,治履边也。"（幫,意思是鞋的边缘部分。）鞋帮在鞋两边,后来泛指物体两边,例如船帮、车帮、腮帮,由此引申出帮助的意思。《正字通》巾部："凡事物旁助者皆曰帮。"（凡是事物在旁边协助的都叫作"帮"。）太平天国时出现简写的"帮",是把下边的"帛"改为"巾",把上面的"封"改为"邦"。

（7）"艹"字,甲骨文写作𐭀,像草的形状,本义是草。后

---

① 李乐毅:《简化字源》第 16 页,华语教学出版社 1996 年。

写作两个"中"的"艸",表示众草之义。"艹"字旁的字大都跟草木有关系,例如"芳、菜、苗、蔓、芹"等,但是"蓝色"的"蓝"、"荤腥"的"荤"、"苦难"的"苦"、"苏醒"的"苏"、"薄弱"的"薄",似乎跟草没有关系。其实,溯其源头,它们都是有关联的。

"蓝"字,本义是一种可以染青色的草。《说文解字》:"蓝,染青艸也。从艸,监声。"(蓝,意思是染青色的艸。"艸"表示字义,"监"表示读音。)《荀子·劝学》:"青,取之于蓝而青于蓝。"(青,是从蓝草里提炼出来的,但颜色比蓝深。)

"荤"字,本义是指葱、蒜、韭、椿一类有气味的菜。《说文解字》:"荤,臭菜也。从艸,军声。"(荤,意思是有气味的菜。"艸"表示字义,"军"表示读音。)

"苦"字,本义是一种味道很苦的草。《说文解字》:"苦,大苦,苓也。从艸,古声。"(苦,意思是非常苦,指苓草。"艸"表示字义,"古"表示读音。)

"蘇(苏)"字,本义是一种草。《说文解字》:"蘇,桂荏也。从艸,穌声。"(蘇,意思是一种叫作紫苏的草。"艸"表示字义,"穌"表示读音。)段玉裁注:"桂荏,今之紫苏。"(桂荏,就是今天的紫苏。)

"薄",本义是草木密集丛生。《说文解字》:"薄,林薄也。一曰蚕薄。从艸,溥声。"(薄,意思是草木密集丛生。另一说是养蚕的蚕帘。"艸"表示字义,"溥"表示读音。)"蚕帘"是养蚕的用具,由苇、竹编成。

（8）"竹"字，甲骨文写作$\wedge\wedge$，像竹叶的形状。"⺮"字头的字大都跟竹子或竹制品有关系，例如"篮、筷、箭、竿、签"等，但是"愚笨"的"笨"、"平等"的"等"、"次第"的"第"、"嬉笑"的"笑"、"建筑"的"筑"，似乎跟竹子或竹制品没有关系。其实，溯其源头，它们都是有关联的。

"笨"字，本义是竹子内膜。《说文解字》："笨，竹里也。从竹，本声。"（笨，意思是竹子的里层。"竹"表示字义，"本"表示读音。）

"等"字，本义是把竹简整理整齐。《说文解字》："等，齐简也。"（等，意思是把竹简整理齐整。）段玉裁注："齐简者，叠简册齐之，如今人整齐书籍也。"（齐简的意思，是把简册合起来整理整齐，像现在的人把书籍整理齐整一样。）

"第"字，是在"弟"字上加"⺮"字头表示次第的。"弟"字，甲骨文写作$\updownarrow$，像缠绕在箭杆上的丝绳，古人射鸟用的箭带有丝绳。《诗经·郑风·女曰鸡鸣》："弋凫与雁。"（用带丝绳的箭射野鸭和大雁。）缠绕有先后顺序，所以表示"次第"的意思[①]。后来"弟"被借用为兄弟的意思，于是又加"⺮"字头专表次第。

"笑"字，构意不明，唐人李阳冰说是竹子被风吹弯了腰，

---

① 徐中舒：弟，"象矰缴缠绕于榦薰之形，殆矰缴缠绕有次第，故引申之为次第之义，又引申为兄弟之义"。（矰缴：系在箭杆上的丝绳。榦薰：箭杆。）《甲骨文字典》第633页，四川辞书出版社1999年。

像人在笑①。虽未知其审，但以偏旁而言，也是一种说法。说到"笑"字，就会说到"哭"，"哭"字有"犬"字旁，最早是指狗哀号。有学者说，大凡动物哀号，没有哪一个像犬嗥那么凄厉的，所以有"犬"字旁；而犬的嗥叫，声音特别凄绝喧闹，所以用二个"口"表示，后来专指人的哭泣。虽亦无确证，然似稍近情理②。

"筑"字，本来是古代一种竹制的弦乐器。《说文解字》："筑，以竹曲，五弦之乐也。从竹，从巩。巩，持之也。竹亦声。"（筑，意思是用竹尺敲击乐曲，五弦的乐器。"竹"和"巩"合起来表示字义。"巩"字意思是持握。"竹"也表示读音。）其实，"建筑"的"筑"原本写作"築"，上面的"筑"表示读音，下面的"木"表示筑墙捣土用的工具。秦代用"筑"作"築"的简体，汉字简化时"筑"取代"築"作为规范字。

（9）"金"字，西周铜器铭文写作𨨏，像金属矿物在土里的形状。"金"字旁的字大都跟金属和金属制品有关系，例如"铜、银、钱、针、钟、铃"等，但是"错误"的"错"、"商铺"的"铺"、"销售"的"销"、"鉴别"的"鉴"、"衔接"的"衔"，似乎跟金属和金

① 《说文解字》新附："此字本阙，臣铉等案：孙愐《唐韵》引《说文》云：'喜也。从竹，从犬。'而不述其义。今俗皆从犬。又案：李阳冰刊定《说文》'从竹，从夭'，义云：'竹得风，其体夭屈如人之笑。'未知其审。"

② 季旭昇在《说文新证》"哭"字下说："杜忠诰从段注以为'凡动物（包括人类）之哀号，未有如犬嗥之凄厉者，故从"犬"以构形。又，"犬"之嗥，其声凄绝喧闹，故从"二口"会意。其后，遂移以专指"人"情之哭'，虽亦无确证，然似稍近情理。"见《说文新证》上册第94页，艺文印书馆2002年。

属制品没有关系。其实,溯其源头,它们都是有关联的。

"错"字,本义是用金涂饰镶嵌。《说文解字》:"错,金涂也。从金,昔声。"(错,意思是用金涂饰。"金"表示字义,"昔"表示读音。)《汉书·食货志》:"错刀,以黄金错其文,曰:一刀平五千。"(错金刀币,用黄金镶嵌上面的文字,曰:一刀值五千。)这种刀币叫作"错刀"或"金错刀"。

"铺"字,本义是附着在门上的门环底座。《说文解字》:"铺,箸门铺首也。从金,甫声。"(铺,意思是附着在门上的门环底座。"金"表示字义,"甫"表示读音。)唐李贺《河南府试十二月乐词》:"月缀金铺光脉脉,凉苑虚庭空澹白。"(月光下金色的门环底座泛着光亮,空寂的庭院里一片惨白。)

"销"字,本义是熔化金属。《说文解字》:"销,铄金也。从金,肖声。"(销,意思是熔化金属。"金"表示字义,"肖"表示读音。)《史记·秦始皇本纪》:"收天下兵,聚之咸阳,销以为钟鐻。"(收缴天下兵器,聚集在咸阳,熔化后做成乐器钟鐻。)

"鑑(鉴)"字,本义是大水盆。《说文解字》:"鑑,大盆也。从金,监声。"(鑑,意思是大盆。"金"表示字义,"監"表示读音。)"監(监)"字,甲骨文写作🖎,像一个人俯首睁大眼睛在盛水的器皿里照自己的面容。上古时期铜镜发明之前,人们以水为镜。后来用以照形的水盆也叫作"監",再后来加"金"字旁写作"鑑"或"鑒"。

"衔"字,本义是马嚼子。《说文解字》:"衔,马勒口中。从金,从行。衔,行马者也。"(衔,意思是马嚼子横在马口中。

"金"和"行"合起来表示字义。"衔"是用来控制马在路上行走的。"段玉裁注:"衔以铁为之,故其字从金。"("衔"是用铁做的,所以用"金"字旁。)

（10）其他。例如:

"分秒"的"秒",本义是谷壳上的芒刺。《说文解字》:"秒,禾芒也。从禾,少声。"(秒,意思是谷壳的芒刺。"禾"表示字义,"少"表示读音。)

"手稿"的"稿",本义是谷类的茎秆。《说文解字》:"稿,秆也。从禾,高声。"(稿,意思是禾秆。"禾"表示字义,"高"表示读音。)

"宋朝"的"宋",本义是房内有木制家具。《说文解字》:"宋,居也。从宀,从木。"(宋,意思是居住。"宀"和"木"合起来表示字义。)"宀"下有"木"表示室内有床几类家具,所以说居也。林义光《文源》:"木者,床几之属,人所依以居也。"("木"的意思,是指床几之类的家具,是人用来居住的。)

"某人"的"某",本义是梅子树。《说文解字》:"某,酸果也。从木,从甘。槑,古文某从口。"(某,意思是酸果树。"木"和"甘"合起来表示字义。槑,古文"某"上面是"口"。)

"欺骗"的"骗",本义是跨腿跃上马背。《集韵》线韵:"骗,跃而乘马也。"(骗,意思是跨腿跃上马背。)清洪昇《长生殿·合围》:"双手把紫缰轻挽,骗上马,将盔缨低按。"(双手把紫色缰绳轻轻挽住,跨腿跃上马,把头盔的缨穗轻轻低按。)

"婴儿"的"婴",本义是女人戴在脖子上的贝壳项链。小

篆写作 。《说文解字》："婴，颈饰也。从女、賏。賏，其连也。"（婴，是脖颈上的装饰品。"女"和"賏"合起来表示字义。賏，是串连起来的贝。）賏，《说文解字》："賏，颈饰也。从二贝。"

"记录"的"录"，本义是用辘轳汲水。甲骨文写作 ，像用辘轳汲水形。李孝定说："此为井鹿庐之初字，上像桔槔，下像汲水器，小点像水滴形。"[①]

"突然"的"突"，本义是犬从洞穴中突然窜出来。甲骨文写作 ，像犬在洞穴中。《说文解字》："突，犬从穴中暂出也。从犬在穴中。"（突，意思是狗在洞中突然出来。从"犬"在"穴"中表示字义。）徐锴《说文系传》："犬匿于穴中伺人，人不意之，突然而出也。"（狗藏在洞穴中等着人，人不注意时，突然窜出。）

"邮寄"的"寄"，本义为临时居住。《说文解字》："寄，托也。从宀，奇声。"（寄，意思是托庇、依附。"宀"表示字义，"奇"表示读音。）王筠《说文句读》在"客"字下说："寄"乃"偶寄于是，非久居也"。（偶尔寄住在这里，不是长久居住。）唐杜甫《自京赴奉先县咏怀五百字》："老妻寄异县，十口隔风雪。"（妻子寄居在他乡，一家十口被风雪阻隔在两处。）

"叔伯"的"叔"，西周铜器铭文写作 ，左上角是农具"戈"，下边是地里的"芊"，右边是表示手的"又"，本义是持戈

---

① 李孝定编述：《甲骨文字集释》第 2347 页，史语所 1970 年。

掘土收芋。《说文解字》："叔，拾也。从又，尗声。汝南名收芌为叔。"（叔，意思是收拾。"又"表示字义，"尗"表示读音。汝南地区把收芋头叫"叔"。）《诗经·豳风·七月》："八月断壶，九月叔苴。"（八月摘下葫芦，九月拾取秋麻子。）

"处所"的"所"，本义是斧头砍树时发出的声音。《说文解字》："所，伐木声也。从斤，户声。《诗》曰：'伐木所所。'"（所，意思是伐木声。"斤"表示字义，"户"表示读音。《诗经》说："伐木的声音所所地响。"）

下面我们详细地看一下"字"字的演变过程。

"文字"的"字"，商代晚期铜器铭文写作𡥀，本义是在房子里生育孩子。《说文解字》："字，乳也。从子在宀下，子亦声。"（字，意思是生孩子。用"子"在"宀"下表示字义，"子"也表示读音。）段玉裁注："人及鸟生子曰乳。"（人和鸟生孩子叫作"乳"。）《山海经·中山经》："其上有木焉，名曰黄棘，黄华而员叶，其实如兰，服之不字。"（山上有一种树，名字是黄棘，黄色的花瓣，圆圆的叶子，它的果实与兰草的果实相似，女人服用了它不能生孩子。）《论衡·气寿》："妇人疏字者子活，数乳者子死。"（妇人生孩子少的孩子容易活下来，生孩子太多的孩子成活率低。）后来"字"又引申为"出嫁"的意思。《正字通》子部："字，女子许嫁曰字。"成语"待字闺中"就是姑娘在闺房中等待嫁人。

大约到了战国晚期，"字"开始表示"文字"的意思。《说文解字·叙》："仓颉之初作书，盖依类象形，故谓之文；其后形声相益,即谓之字。字者,言孳乳而浸多也。"(仓颉最初创造文字,是依照物类画出形体,所以叫作"文";后来由形音相合产生出来的,就叫作"字"。所谓"字",就是不断滋生而逐渐增多。)曾宪通说:"按照许慎的说法,依类象形之'文'是仓颉造的,而形声相益的'字'则是由'文'所孳乳衍生出来的。由独体之'文'孳生出合体的'字',犹如人类生儿育女那样,不断孳生繁殖而来的……人们用本义是生育繁衍的'字'来指称孳乳出来的新符号是再恰当不过的了。这样一来,作为生儿育女的'字',同作为新增符号的'字'便重合起来了。随着时间的推移,字原有生儿育女的意义便慢慢地淡化,并最终为书写符号这一意义所取代了。"①《史记·吕不韦列传》记载,战国晚期吕不韦使门人著《吕氏春秋》,贴在咸阳城门上,悬千金其上,说"有能增损一字者,予千金"。(有可以增加或删减一字的人,给他千两黄金。)这个"字"就是书写的文字符号,成语"一字千金"即源于此。"字"用作"文字"后,它的偏旁"宀"和"子"便与生育孩子没有关系。

字义变化造成偏旁不表义的现象也表现在双音词中,例如:

"龌龊",都有"齿"字旁,本义是牙齿细密。《六书故》:"龌龊,齿细密也。"现代汉语常用义为不干净。它的"齿"字旁和不干净没有关系。

---

① 曾宪通、林志强:《汉字源流》第 217—219 页,中山大学出版社 2011 年。

"龃龉"，都有"齿"字旁，本义是上下牙齿对应不齐，现代汉语用来表示意见不合。它的"齿"字旁和意见不合没有关系。

"肮脏"，都有"月"字旁，繁体字写作"骯髒"，都有"骨"字旁，本义是体胖。《集韵》荡韵："骯，骯髒，体胖。"一说是高亢刚直的样子。《古今韵会举要》漾韵："髒，骯髒，婞直貌。"现代汉语用来表示不干净。它的"骨"字旁或"月"字旁都与不干净没有关系。

"牺牲"，都有"牛"字旁，本义是为祭祀而宰杀的纯色全体的牲畜。犧（牺），《说文解字》："犧，宗庙之牲也。从牛，羲声。"意思是说"牺"是供宗庙祭祀用的纯色的牲畜。牲，《说文解字》："牲，牛完全。从牛，生声。"意思是说"牲"是祭祀用的完整的牛。《字汇》："牲，祭天地宗庙之牛完全曰牲。""牺牲"源于古代祭祀文化，现代汉语常用义是为了正义舍弃自己生命或权益，它们的"牛"字旁和舍弃生命或权益没有关系。

上面所列举的字，它们的本义现代汉语不再使用，其形旁所表示的含义跟字义便没有了关系。不过，也有一些字，字义虽然发生变化，但是现代汉语书面语还保留着其本义，这些字的形旁可以帮助书面语词语的学习。例如：

"徐"字，现代汉语常用义是姓，本义是慢行。《说文解字》："徐，安行也。从彳，余声。"（徐，意思是安然舒适地行走。"彳"表示字义，"余"表示读音。）《孙子·军争》："故其疾如风，其徐如林。"（军队快速行进时要像风一样，缓慢行进时要像树林一样整齐有序。）现代汉语书面语"徐步、徐缓、徐图良策、清风徐来"的"徐"即为本义。

"造"字，现代汉语常用义是制作，本义是前往、到某地去。《说文解字》："造，就也。从辵，告声。"（造，意思是前往。"辵"表示字义，"告"表示读音。）《世说新语·任诞》："便夜乘小船诣之，经宿方至，造门不前而反。"（于是夜里坐小船去拜访，经过一夜才到，到了门口不进去却折返回去。）现代汉语书面语"造访、登峰造极"的"造"即为本义。

"適（适）"字，现代汉语常用义是适合，本义是去、前往。《说文解字》："適，之也。从辵，啻声。"（適，意思是去、前往。"辵"表示字义，"啻"表示读音。）《诗经·魏风·硕鼠》："逝将去女，适彼乐土。"（发誓要离开你，去那幸福的地方。）现代汉语书面语"无所适从"的"适"即为本义。

"顧（顾）"字，现代汉语常用义是照管，本义是回头看。《说文解字》："顧，环视也。从页，雇声。"（顧，意思是回头看。"页"表示字义，"雇"表示读音。）《孟子·梁惠王下》："王顾左右而言他。"（齐宣王回过头看左右的人而说别的事情。）现代汉语书面语"回顾、瞻前顾后"的"顾"即为本义。

"颜"字，现代汉语常用义为颜色，本义是前额，泛指面容。《说文解字》："颜，眉目之间也。从页，彦声。"（颜，意思是两眉之间。"页"表示字义，"彦"表示读音。）《诗经·郑风·有女同车》："有女同车，颜如舜华。"（有个女的和我同车，容貌像木槿花一样。）现代汉语书面语"颜值、容颜、和颜悦色、笑逐颜开"的"颜"即为本义。

"企"字，现代汉语常用义为企业，本义是踮着脚在盼望。"企"字甲骨文写作𠆢，像一个人踮着脚。《说文解字》："企，举踵也。从人，止声。"（企，意思是踮起脚跟。"人"表示字义，"止"表示读音。）许慎把会意字错解为形声字。《汉书·高帝纪》："吏卒皆山东之人，日夜企而望归。"（士兵都是崤山以东的人，日夜踮着脚盼望着回家。）现代汉语书面语"企图、企望、企盼、企足而待"的"企"即为本义。

"快"字，现代汉语常用义为速度高，本义是喜悦。《说文解字》："快，喜也。从心，夬声。"汉朱浮《为幽州牧与彭宠书》："凡举事无为亲厚者所痛，而为见仇者所快。"（做一切的事情都不要让亲朋好友痛心，而让仇恨自己的人高兴。）现代汉语书面语"快乐、快感、大快人心、拍手称快"的"快"即为本义。

"慢"字，现代汉语常用义为速度低，本义是懈怠。《说文解字》："慢，惰也。从心，曼声。一曰慢，不畏也。"（慢，意思是懈怠。"心"表示字义，"曼"表示读音。另一种说法，"慢"是高傲不畏惧。）《左传·昭公二十年》："政宽则民慢。"（政策宽厚，民众就怠慢。）另一种意思是傲慢。《史记·高祖本纪》："陛下慢而侮人，项羽仁而爱人。"（陛下傲慢而且侮辱人，项羽仁厚而且爱护人。）现代汉语书面语"傲慢、怠慢"的"慢"即为本义。

"兵"字，现代汉语常用义为军人，本义是兵器。"兵"字甲骨文写作𠦄，像双手握着一把斧子。《说文解字》："兵，械也。从廾持斤。"《荀子·议兵》："古之兵，戈、矛、弓、矢而已矣。"（古代的兵器，不过是戈、矛、弓、箭罢了。）现代汉语书面语"兵器、兵不血刃、短兵相接"的"兵"即为本义。

二、字形讹变产生的"形旁"，这类假"形旁"不表义

在汉字发展演变过程中，有些字形体发生变化，产生类似形旁，这种假"形旁"和字义没有关系，所以不表义。例如：

"它"字，甲骨文写作🐍，像蛇的形状，后来把蛇头写成了"宀"字旁。

"鹿"字，甲骨文写作🦌，像一只鹿的形状，后来形体变化写成了"广"字旁。

"蔑"字，甲骨文写作🔣，本义是用戈击人，下边是戈，上边是人的眉目，后来写成了"艹"字头。

"曼"字，甲骨文写作🔣，本义是张目远望，上面是手，下面是手，中间是眼睛，上下两只手把眼睛张开，后来写成了"曰"字旁。

"爱"字，战国文字写作🔣，本义是行走的样子，上面是声旁"㤅"，下面"夊"表示行走，后来写成了"爫"字旁。

"肩"字，战国文字写作🔣，是肩膀下边连着胳膊的形状，后来写成了"户"字旁。

"服"字，甲骨文写作🔣，像手抓住一个跪着的人，左边的肙是"舟"字，意思是运送犯人，后来讹变为"月"字旁。

"屎"字，甲骨文写作🔣，像人在大便，下面数点是排泄物，后来把表示排泄物的小点儿写成了"米"字旁。

"粪（糞）"字甲骨文写作 ，像双手端着盛有秽物的簸箕，后来把簸箕写成了"田"，把表示秽物的小点儿写成了"米"。

　　"粦"字，西周铜器铭文写作 ，上面是火，下面是双脚，本义是能走的火，即"磷火"的"磷"的本字，也就是所谓的"鬼火"。后来把表示火的"炎"写成了"米"字旁。

　　"鬧（闹）"字，外面本来是"鬥"，"鬥"字甲骨文写作 ，像两个怒发冲冠的人在搏斗；里面是"市"，表示喧扰之处，以市中争斗表示乱哄哄之意。后因"鬥"和"門"形体相近，"鬧"字错写成"門"字旁的"闘"字。

　　"若"字，甲骨文写作 ，像一个跪着的人双手理顺头发，意思是顺从。《尔雅·释言》："若，顺也。"《诗经·鲁颂·閟宫》："莫敢不诺，鲁侯是若。"（没有谁敢不答应的，都顺从鲁侯的旨意。）后来头发讹变为"艹"字头，许慎不知字源，说："若，择菜也。从艹、右。右，手也。"（若，意思是择菜。"艹"和"右"合起来表示字义。"右"意思是手。）汤可敬说："'若'的择菜之义，经传未见。"[1]

　　"射"字，甲骨文写作 ，从弓，从矢，意思是张弓射箭。西周铜器铭文加"手"写作 。因为甲骨文 （弓）和 （身）形体相近，"身"像怀孕女人大肚子状，于是左边的"弓"误写成"身"字旁，右边的"又（手）"错写成"寸"字旁。

　　关于"射"字，历史上还有一个和"矮"字辨义的小故事。

① 汤可敬：《说文解字今释》第 137 页，岳麓书社 2001 年。

清人沈起凤《谐铎》第七卷"虫书"条下录有:"锦屏女子叶佩缰,有夙慧,七岁就傅读书,通妙解。尝谓师曰:'古人造字,会意象形,而有时亦多误处。'师询其指。曰:'矮字明系委矢,宜读如射。射字明系寸身,宜读如矮。今颠倒字义,岂非古人之误欤?'"这段话意思是说,"矮"字,明显地是由"委、矢"组成,"委矢"就是放箭,应该是"射"的意思;"射"字,明显地是由"寸、身"组成,"寸身"就是身材短小,应该是"矮"的意思。现在颠倒了它们的字义,难道不是古人的错误吗?

我们来看一下"矮"字。"矮"本义为身材短小,《说文解字》:"矮,短人也。 从矢,委声。"(矮,意思是个子低的人。"矢"表示字义,"委"表示读音。)"矢"字甲骨文写作↕,像箭的形状。因为箭平正挺直,古代衡量长短常以矢为尺度。《礼记·投壶》:"壶去席二矢半。"(放壶的地方距坐席有两个半矢的距离。)"矮"有"矢"字旁,表示短小。有"矢"字旁表示短小的字还有"短、矬、矩、矲、矤、矱"等。由此可知,"射"和"矮"意思并没有被颠倒。

不过,在文字史上也存在着两个字形体和意思颠倒使用的现象,例如"來"和"麥"。

"來(来)"字,甲骨文写作↑,像麦子的茎、叶和根的形状,本义是"麦子"。甲骨文例有:

　　辛亥卜,贞:或刈來?　(辛亥这一天占卜,贞问:或收获小麦? 合集9565)

上举卜辞的“或”字义不明,“刈來”即收获小麦。《说文解字》:“來,周所受瑞麦來麰。一來二缝,象芒朿之形。天所來也,故为行來之來。《诗》曰:‘诒我來麰。’”(來,意思是周地所接受的优良麦子。一个麦秆有二颗麦穗,象麦子的芒刺形状。是上天赐來的,所以用作往來的來。《诗经》说:“送给我们小麦和大麦。”)

“麥(麦)”字,甲骨文写作,上面是“來”,像麦子的形状;下面是夊,像脚的形状,有字典说:“从来从夊是表示麦是上天所降之意。”①

也就是说,“往來”的“來”原本是麦子;而“麥子”的“麥”有“夊”字旁,表示麥子是上天所降。也有学者说,“來”和“麥”当是一字,“麥”的“夊”字旁是麥子的根须②。

形体变化也包括简化,例如:

“报”字,繁体字写作“報”,西周铜器铭文写作,左边是手枷类的刑具,右边像手抓住人,本义是判决罪人。字体隶定为“報”。左边原本是手铐,隶定为“幸”,草书楷化写成“扌”,“報”于是简写作“报”。简体的“报”最早见于汉代。

“执”字,繁体字写作“執”,甲骨文写作,像一个人双手被手枷类的刑具铐住,本义是拘捕。字体隶定为“執”。左边原本是手铐,隶定为“幸”,草书楷化写成“扌”,“執”于是简

① 李学勤主编:《字源》第482页,天津古籍出版社2012年。

② 李孝定编述:《甲骨文字集释》第1892页,史语所1970年。

写作"执"。简体的"执"最早见于汉代。

"节"字，繁体字写作"節"，战国文字写作𥬖，本义是竹节，所以是"⺮"字头。《说文解字》："節，竹约也。从竹，即声。"（節，意思是竹节。"竹"表示字义，"即"表示读音。）段玉裁注："约，缠束也。竹节如缠束之状。"（约，意思是缠束。竹节像缠束的样子。）草书中"⺮"和"⺿"经常被混用[①]，"節"草写作𦱳，楷化后写作"莭"，汉简就有写作"⺿"字头的𦳊，后来又省去声旁"即"左边的"皀"，简写为"节"。简体的"节"最早见于汉代。

也有个别字的偏旁形体虽然发生变化，但是不影响偏旁表义。例如：

"折"字，甲骨文写作𢧫，左边是断木，右边是斧子，本义是斧子砍断草木。《说文解字》："折，断也。从斤断艸。"（折，意思是断。用斧子砍断草木。）小篆把左边的断木𣂹（𣂸）错写成手𣂹（𣂸），隶书简写为"折"，断木讹变为"扌"手旁。现代汉语常用义是断、弄断。

三、偏旁字带来的"形旁"，这类"形旁"不表义

有些字的形旁是偏旁字带来的，这类"形旁"跟字义没有关系，所以不表义。例如：

"鸿"字，本义是大雁一类的鸟。《说文解字》："鸿，鸿鹄

---

① 李乐毅：《简化字源》第 129 页，华语教学出版社 1996 年。

也。从鸟，江声。"（鸿，意思是鸿鹄鸟。"鸟"表示字义，"江"表示读音。）"鸿"的"氵"字旁是声旁"江"带来的。

"密"字，本义是形状像堂室的山。《说文解字》："密，山如堂者。从山，宓声。"（密，意思是形状像堂室的山。"山"表示字义，"宓"表示读音。）"密"的"宀"字头是声旁"宓"带来的。

"霸"字，本义是指阴历月初时开始见到的月光。《说文解字》："霸，月始生霸然也。承大月，二日；承小月，三日。从月，䨟声。"（霸，意思是月亮刚刚出现，旁边若有微光。前面是大月的，初二出现；前面是小月的，初三出现。"月"表示字义，"䨟"表示读音。）"霸"的"雨"字头是声旁"䨟"带来的。

"佞"字，本义是巧言善辩。《说文解字》："佞，巧谄高材也。从女，仁声。"（佞，意思是巧慧谄谀而又有高强的口才。"女"表示字义，"仁"表示读音。）"佞"的"亻"字旁是声旁"仁"带来的。

"崇"字，本义是山高。《说文解字》："崇，嵬高也。从山，宗声。"（崇，意思是山高。"山"表示字义，"宗"表示读音。）"崇"的"示"字旁是声旁"宗"带来的。

"腾"字，本义是传递命令的车马。《说文解字》："腾，传也。从马，朕声。"（腾，意思是传递文书的车马。"马"表示字义，"朕"表示读音。）又指马跳跃、奔腾。《玉篇》马部："腾，上跃也。奔也。""腾"的"月"字旁是声旁"朕"带来的。

"滕"字，本义是说水像跳跃一样向上涌。《说文解字》："滕，水超涌也。从水，朕声。"（滕，意思是水跳跃状向上涌。

"水"表示字义，"朕"表示读音。）"滕"的"月"字旁是声旁"朕"带来的。

"慕"字，本义是思慕。《说文解字》："慕，习也。从心，莫声。"（慕，意思是思慕。"心"表示字义，"莫"表示读音。）"慕"的"艹"字头是声旁"莫"带来的。

"篡"字，本义是用不正当手段夺取。《说文解字》："篡，屰而夺取曰篡。从厶，算声。"（篡，违背常理而强力夺取叫作篡。"厶"表示字义，"算"表示读音。）"篡"的"竹"字头是声旁"算"带来的。

"颖"字，本义是禾穗的末端。《说文解字》："颖，禾末也。从禾，顷声。《诗》曰：'禾颖穟穟。'"（颖，意思是禾穗的末端。"禾"表示字义，"顷"表示读音。《诗经》说："禾颖美好。"）"颖"的"页"字旁是声旁"顷"带来的。

"随"字，本义是跟从。《说文解字》："随，从也。从辵，隋声。"（随，意思是跟从。"辵"表示字义，"隋"表示读音。）"随"的"阝"字旁是声旁"隋"带来的。

有的偏旁既是偏旁字带来的，也是简化造成的，例如：

"点"字，繁体写作"點"，本义是是细小的黑点。《说文解字》："點，小黑也。从黑，占声。"（點，意思是细小的黑点。"黑"表示字义，"占"表示读音。）简化字省去"黑"字的上半部，把下面"灬"移至"占"的下面写作"点"。它的"灬"字旁是繁体字形旁"黑"字带来的，简体的"点"字最早见于明代。

"杂"字，繁体字写作"雜"，战国文字写作𥿈（褩），左边是

"衣"，右边是"集"，本义是用各种彩色搭配制作衣服。《说文解字》："襍，五彩相会。从衣，集声。"（襍，意思是各种色彩互相配合。"衣"表示字义，"集"表示读音。）后来为了平衡结构，"集"字的"木"逐渐向"衣"下移动，写作襍、雜，小篆写作雜，成为后来的标准字体。而形符"衣"在左上角，属于偏旁小位。汉代时左上角的"衣"字有的讹变为"九"，写作雜（雜），再后来，又省去"隹"简写为"杂"。它的"木"字旁是繁体字声旁"集"字带来的。"杂"字最早收录在 1936 年陈光尧《常用简字表》。

"盐"字，繁体字写作"鹽"，本义是咸盐。《说文解字》："鹽，咸也。从卤，監声。"（鹽，意思是咸。"卤"表示字义，"監"表示读音。）南北朝时"鹽"简写作"塩"，后又简化为"盐"，它的"皿"字旁是繁体字声旁"監"字带来的。"盐"字最早收录在 1936 年陈光尧《常用简字表》。

偏旁字带来的"形旁"不能用来讲解字义，不过，由于词义在长期使用中发生变化，有些偏旁字带来的"形旁"与现在的字义恰巧吻合，于是有人用这种"形旁"来讲解构字理据。例如：

"蒸"字，现在的意思是一种烹饪的方式，利用水蒸气的热力使食物变熟、变热。它的下面是"灬"字旁，同样表示烹饪方式的"烹、煮、煎、熬"等字也有"灬"字旁，于是"蒸"字的"灬"就被认为是"蒸"的构字理据，以为"蒸"和"烹、煮、煎、熬"一样都是用火的，其实"蒸"字的本义跟火没有关系。

"蒸"字，本义是指剥了皮的麻秸秆。《说文解字》："蒸，折麻中干也。从艸，烝声。"（蒸，意思是剥去麻皮后的中秆。"艸"表示字义，"烝"表示读音。）而"蒸"字的声旁"烝"，西周铜器铭文写作𤇅，上面是米粒，下面是炊具，表示蒸烤的意思。《说文解字》："烝，火气上行也。从火，丞声。"（烝，意思是蒸笼里火气上升。"火"表示字义，"丞"表示读音。）《诗经·大雅·生民》："释之叟叟，烝之浮浮。"（淘米的声音嗖嗖，蒸饭的热气腾腾。）后来人们用"蒸"取代"烝"，表示烹饪的方式。

四、原本是声旁，因所在位置被误认为是形旁，这类"形旁"不表义

前面讲"偏旁的位置"时说，形声字绝大多数是左形右声。在 7000 个现代汉语通用字中的 4161 个左右排列的字里面，左形右声的有 3797 个，占 91.25%；右形左声的有 364 个，占 8.75%。所以当右形左声的字出现时，其声旁容易因习惯而误认是表义形旁。例如：

（1）"铁、铜、钉、锅、铃、锈"的"钅"字旁在字左边，字的含义都跟金属有关。"锦"和"钦"的"钅"字旁也在左边，但是"锦"的本义是有彩色花纹的丝织品，《说文解字》："锦，襄邑织文。从帛，金声。"（锦，意思是用五彩色织出各种花纹。"帛"表示字义，"金"表示读音。）"钦"的本义是打哈欠，《说文解字》："钦，欠皃。从欠，金声。"（钦，意思是打哈欠的样子。"欠"表示字义，"金"表示读音。）

"钦"和"锦"的"钅"是声旁，不表义。

（2）"神、福、祸、禄、禅、祺"的"礻"字旁在字左边，字的含义都与鬼神和祭祀有关。"视"和"祁"的"礻"字旁也在左边，但是"视"的本义是看，《说文解字》："视，瞻也。从见，示(声)。"（视，意思是看。"见"表示字义，"示"表示读音。）"祁"的本义是县名，《说文解字》："祁，太原县。从邑，示声。"（祁，太原郡的县名。"邑"表示字义，"示"表读音。）

"视"和"祁"的"礻"是声旁，不表义。

（3）"饿、饱、饭、饼、馆"的"饣"字旁在字左边，字的含义都与食物有关。"饰"和"饬"的"饣"字旁也在左边，但是"饰"的本义是修饰，《说文解字》："饰，馭也。从巾，从人，食声。"（饰，意思是擦拭。"巾"和"人"合起来表示字义，"食"表示读音。）"饬"的本义是整治、整顿，《说文解字》："饬，致坚也。从人，从力，食声。"（饬，意思是使之牢固。"人"和"力"合起来表示字义，"食"表示读音。）

"饰"和"饬"的"饣"是声旁，不表义。

（4）"砂、砍、矿、砌、砖、砚"的"石"字旁在字左边，字的含义都跟石头有关。"硕"和"斫"的"石"字旁也在左边，但是"硕"的本义是头大，《说文解字》："硕，头大也。从页，石声。"（硕，意思是大头。"页"表示字义，"石"表示读音。）"斫"的本义是击打，《说文解字》："斫，击也。从斤，石声。"（斫，意思是击打。"斤"表示字义，"石"表示读音。）

"硕"和"斫"的"石"是声旁，不表义。

（5）"稻、租、种、穗、秋、秧"的"禾"字旁都在字的左边，字的含义都跟粮食有关系。"和"的"禾"字旁也在左边，但是"和"的本义是和谐地跟唱或伴奏。《说文解字》："和，相应也。从口，禾声。"（和，意思是声音相应和。"口"表示字义，"禾"表示读音。）《周易》中孚："鸣鹤在阴，其子和之。"（树荫下鹤在鸣叫，它的幼子一声接一声地跟着叫。）

"和"的"禾"是声旁，不表义。

（6）"鳝、鱿、鲍、鳔、鳃、鲸"的"鱼"字旁在字左边，字的含义都跟鱼有关。"稣"字的"鱼"字旁也在左边，但是"稣"的本义是把禾草归拢后拿取。《说文解字》："稣，把取禾若也。从禾，鱼声。"（稣，意思是归拢拿取禾草。"禾"表示字义，"鱼"表示读音。）

"稣"的"鱼"是声旁，不表义。

因为现代字典的部首大多采用"据形归部"和"多开门"的方式[1]，所以上面的二、三、四类非形旁的偏旁会和其他字的形旁归在一个部首下，例如[2]：

"它"字，在"宀"部下。

"密"字，在"宀"部下。

"肩"字，在"户"部下。

"鸿"字，在"鸟"部下，也在"氵"部下。

---

[1] "据形归部"和"多开门"见本书下编第六节"偏旁与部首的问题"的讲解。

[2] 以下例字均见于《现代汉语词典》（第7版）。

"硕"字,在"页"部下,也在"石"部下。

"和"字,在"口"部下,也在"禾"部下。

"稣"字,在"禾"部下,也在"鱼"部下。

又因为现代字典只释字义,不解构形,不讲字源,不注明形符和声符,所以学习者遇到这三类字时,就很容易受部首内其他属字的影响而被误导,以为"它、密"归在"宀"部下,字义就跟房屋有关;"肩"归在"户"部下,字义就跟门户有关;"鸿"归在"氵"部下,字义就跟水有关;"硕"归在"石"部下,字义就跟石头有关;"和"归在"禾"部下,字义就跟庄稼有关;"稣"归在"鱼"部下,字义就跟鱼有关,等等。

五、现代汉字形旁表义度

上面讲了形旁不表义的问题,那么现代汉字中有多少字的形旁能够表义呢?

施正宇对现代汉语 3500 个常用字和次常用字中的形声字进行了考察,统计出形声字 2522 个,约占常用汉字的72%。而形符表义功能(间接表义和直接表义)为形声字总数的 83%[①]。

康加深以《现代汉语通用字表》7000 个字作为研究对象,对现代汉字形声字的形符进行了分析统计。在 7000 个通

---

① 施正宇:《现代形声字形符表义功能分析》,《语言文字应用》1992年第 4 期第 76—78 页。

用字中统计出属于形声结构的有 5631 个，占通用字总数的 80.5%。形声结构中包括"氵、艹、口、扌、钅、亻、虫、讠、土"等 246 个形符[①]。

他们把形符表义度分为三个等级：

（1）完全表义：指形符义和字义完全相同。如"爸"字的形符"父"。

（2）基本表义：指形符义和字义只是部分相同或相关，而不是等同。如"褥"字的形符"衤"。

（3）不表义：指形符义和字义没有任何的联系。如"铺、郁"等字的形符"钅、阝"。

统计出《现代汉语通用字表》中形声字的形符表义度的结果。见下表：

形符表义度测定结果数据表

形符表义度级别	数量	百分比（%）
完全表义	47	0.83%
基本表义	4838	85.92%
不表义	746	13.25%

通过他们的分析，在 5631 个形声结构里有 4885 个字的形符可以完全表义和基本表义，占形声结构总数的 86.75%。

---

① 康加深：《现代汉语形声字形符研究》，见苏培成选编：《现代汉字学参考资料》第 126—140 页，北京大学出版社 2001 年。

如果加上非形声结构的"刃、本、末、休、伐、相、泪、林、析、取"等指事字和会意字,数量还会更多一些。

他们还统计了构字数量最多的前 10 个形符的表义度情况, 做了一个《构字数量最多的前 10 个形符的表义度分析表》[①],我们这里截取其中一部分,用于说明构字数量最多的前 10 个形符的表义情况。见下表:

构字数量最多的前 10 个形符的表义情况

形符	构字数量	完全表义	基本表义	不表义
氵	378 次	0	339	39
艹	304 次	2	260	42
口	275 次	0	259	16
扌	261 次	0	252	9
木	252 次	1	230	21
钅	216 次	0	210	6
亻	192 次	0	159	33
虫	142 次	0	135	7
讠	138 次	2	119	17
土	137 次	0	128	9

① 康加深:《现代汉语形声字形符研究》,见苏培成选编:《现代汉字学参考资料》第 139 页,北京大学出版社 2001 年。

第四节　偏旁不表音的问题

偏旁不表音的问题是说现代汉字有一些声旁不表音，不表音大致有下面几种原因。

一、当初造字时就用了一个近音字，使得声旁的读音和字音不一样

丁西林说："一个是在初造字的时候，找不到适当的同音字做声符，于是就马马虎虎地用一个读音近似的字来对付。目前新造的形声字中的'认'，'识'，就是很好的例子。"①

前面我们讲到"鸂"字，"奚"做声旁，"鸂"是见纽支韵，"奚"是匣纽支韵，声旁字的读音和字音不完全一样。

还有"姜"字，本义为姓氏。《说文解字》："姜，神农居姜水，以为姓。从女，羊声。"（姜，意思是神农氏居住姜水边，以姜为姓氏。"女"表示字义，"羊"表示读音。）"姜"是见纽阳韵，"羊"是喻纽阳韵，声旁字的读音和字音不完全一样。

二、古今语音变化，使得声旁的读音和字音不一样

丁西林说："另一个原因是在初造字的时候，声符的声音是合的，但由于时代的影响，字音改变了，因而发生了歧异。"②

---

① 丁西林：《现代汉字及其改革的途径（上）》，《中国语文》1952年第2期第9页。

② 同上。

我们来看两个例子：

"移"字，《说文解字》："移，禾相倚移也。从禾，多声。"（移，意思是禾苗随风摇摆。"禾"表示字义，"多"表示读音。）

"波"字，《说文解字》："波，水涌流也。从水，皮声。"（波，意思是水流起伏。"水"表示字义，"皮"表示读音。）

善国说："移从多声，波从皮声，移跟多，波跟皮，在音读上现在很有距离，可是古音把多念作'夷'，把波念作'皮'，所以最初造移字和波字的时候，移跟多、波跟皮本来是声音相同的。"[1]

《说文解字·叙》在讲形声字时，举了两个典型的字例"江"和"河"[2]，其声旁"工"和"可"就与现代的字音有很多不同。

有些字的声旁不表音有一定的规律性，是古今声母系统变化造成的，例如：黑板的"板"的声旁是"反"，这是因为上古汉语中"反"的声母是双唇音"b"和"p"，后来语音发生变化，出现了唇齿音"f"，"反"于是又读作"fan"，同样的情况有"扳、版、坂、钣、叛"等。

双唇音变为唇齿音的还有"非"字，例如"悲伤"的"悲"、

---

[1] 善国：《形声字的分析》，《东北人民大学人文科学学报》1957 年第 4 期第 58 页。

[2] 《说文解字·叙》："形声者，以事为名，取譬相成，江、河是也。"（所谓形声，就是用与事物相关的字作为义类，找读音相似字的组合起来，江、河这两个字就是这样构成的。）

"辈分"的"辈"、"排队"的"排",它们的声旁"非"以前的声母是"b"或者"p";"分"字,例如"打扮"的"扮"、"颁发"的"颁"、"盼望"的"盼",它们的声旁"分"以前的声母是"b"或者"p";"甫"字,例如"逮捕"的"捕"、"哺育"的"哺"、"商铺"的"铺",它们的声旁"甫"以前的声母是"b"或者"p";前面讲的"宝"字,商代晚期铜器铭文有的添加表示读音的"缶"字,"缶"现在的声母是"f",以前是"b"或者"p"。

再举一个很常见的例子:"问题"的"题"和"提问"的"提",它们的声旁是"是","是"的声母是"sh"。这是因为上古汉语一些声母是舌尖中音"d、t"的字,后来分化为舌尖后音"zh、ch、sh",所以现在一些声旁字的声母是"zh、ch、sh"的字读音是"d、t"。

同样情况的有"真"做声旁的"颠、滇、填","者"做声旁的"都、赌、屠","兆"做声旁的"跳、挑、逃"等。

汉字中很多不表音的字是有规律的,除了上面两种情况以外还有一些。例如声旁是"炎"的字读音许多读 dan"淡、氮、唊"或 tan"谈、毯、痰"等。

三、汉字简化时用了不能准确表音的声旁,使得表音偏旁不表音

汉字在由繁到简的发展演变中,人们用笔画简单的字取代了原先笔画繁复的声旁,使得一些表音偏旁不表音了。例如:

(1)"灯"字,繁体写作"燈",声旁是"登",本义是灯火。

《玉篇》火部："燈，燈火也。"简体"灯"的声旁"丁"不能表音。"灯"字用作"燈"最早见于元代。

（2）"芦"字，繁体字写作"蘆"，声旁是"盧"，本义是一种植物。《说文解字》："蘆，蘆菔也。从艸，盧声。"（蘆，意思是蘆菔。"艸"表示字义，"盧"表示读音。）简体"芦"的声旁"户"不能表音。"芦"字最早见于元代。

（3）"袄"字，繁体字写作"襖"，声旁是"奥"，本义是皮衣。《说文解字》："襖，裘属。从衣，奥声。"（襖，意思是裘皮类的衣服。"衣"表示字义，"奥"表示读音。）简体"袄"的声旁"夭"不能表音。"袄"字最早收录在 1932 年《国音常用字表》。

（4）"灿"字，繁体字写作"燦"，声旁是"粲"，本义是鲜明洁净。《说文解字》："燦，燦爛，明瀞皃。从火，粲声。"（燦，意思是燦爛，鲜明洁净的样子。"火"表示字义，"粲"表示读音。）简体"灿"的声旁"山"不能表音。"灿"是现代群众造的新形声字。

四、汉字简化改变了声旁的形体，使得表音偏旁不表音

有些字的简化是省减了声旁的形体，使得表音偏旁不表音了。例如：

（1）"爷"字，繁体字写作"爺"，从父，耶声。简体字省去声旁"耶"的"耳"字，并且把"阝"写作"卩"，"卩"不能表音。"爷"最早见于清代。

（2）"节"字，繁体字写作"節"，从竹，即声。简体字省去声旁"即"的"皀"字，写作"卩"，"卩"不能表音。"节"最早见于汉代。

（3）"虽"字，繁体字写作"雖"，本义是虫子。《说文解字》："雖，似蜥蜴而大。从虫，唯声。"（雖，像蜥蜴但形体大。"虫"表示字义，"唯"表示读音。）简体字省去声旁"唯"的"隹"字，写作"口"，"口"不能表音。"虽"最早见于元代。

（4）"獨、濁、燭、觸"的声旁是"蜀"，后来"蜀"做声旁时简写为"虫"，"獨、濁、燭、觸"于是写作"独、浊、烛、触"，这些字的声旁"虫"不能表音。"独"最早见于宋代，"浊、烛"见于元代，"触"见于清代。

五、现代汉字声旁表音度

上面讲了声旁不表音的问题，那么现代汉字中有多少字的声旁能够表音呢？

李燕、康加深统计，5631 个形声结构总共包含了 1325 个不同的声符。5631 形声结构中有 479 个多音字，所以形声结构的数字增加为 6110 个[①]。下面是 6110 个形声结构的各类声符表音方式的统计数据表：

---

① 李燕、康加深:《现代汉语形声字声符研究》，见苏培成选编:《现代汉字学参考资料》第 144—153 页，北京大学出版社 2001 年。

各类声符表音方式的统计数据表

声符表音方式	字次	例字	形声结构的比例（%）
声、韵、调全同	2292	圆	37.51%
声、韵同，调不同	1110	远	18.17%
声、调同，韵不同	237	结	3.88%
韵、调同，声不同	343	琛	5.61%
声同，韵、调不同	266	煮	4.35%
韵同，声、调不同	645	葵	10.56%
调同，声、韵不同	441	睹	7.22%
声、韵、调全不同	776	都	12.70%

其中声、韵、调全同的字有 2292 字次；声、韵同，调不同的字有 1110 字次。如果不考虑声调，能够准确表音的就有 3402 字次，占形声结构总数的 55.68%。

第五节　偏旁消失的问题

有一些合体字在发展演变中偏旁消失了，有两种情况：一是隶变造成偏旁消失，二是简化造成偏旁消失。

一、隶变造成偏旁消失

前面讲了隶变改变字的结构，造成一些偏旁消失，举了"年、及、布、更、表、灰"等字，这里再讲几个字。

（1）"失"字，小篆写作 ，像物件从手中落下。《说文解字》："失，纵也。从手，乙声。"（失，意思是放手而落掉。"手"表示字义，"乙"表示读音。）其实，"乙"表示落下的物件，隶变后"失"字的偏旁"手"消失了。

（2）"赤"字，甲骨文写作 ，上面是"大"，下面是"火"，表示火大则颜色为赤。小篆写作 ，隶变后"赤"字的偏旁"大"和"火"都消失了。

（3）"史"字，甲骨文写作 ，上面是"中"，像竹简形；下面是"手"，表示记事的人。小篆写作 ，隶变后"史"字的偏旁"中"和"又"都消失了。

二、简化造成偏旁消失

汉字简化是汉字发展演变的必然趋势，从甲骨文、铜器铭文、战国文字、小篆、隶书，汉字形体由繁复走向简略。简化使得一些偏旁消失，例如：

（1）"为"字，繁体字写作"爲"，甲骨文写作 ，上面是手，下面是象，意思是手牵着大象去做工。小篆写作 ，即繁体字"爲"的来源。汉代时"爲"草书楷化简写作"为"，原本表示手的偏旁"爫"和表示大象的偏旁"为"消失了。

（2）"乡"字，繁体字写作"鄉"，甲骨文写作 ，像两个人面对面跪坐着吃饭，中间是盛食物的食器。商代晚期铜器写作 。后指地方，《说文解字》："鄉，国离邑，民所封乡也。"（乡，意思是与国都距离稍远的邑地，是百姓聚集的地方。）

"乡"字小篆写作 ![figure]，即繁体字"鄉"的来源。近代民间取其左偏旁简写为"乡"，原本表示跪坐的偏旁"人"和表示食器的偏旁"![figure]"消失了。

（3）"争"字，繁体字写作"爭"，甲骨文写作![figure]，像上下两只手争抢一个东西。《说文解字》："爭，引也。从受、厂。"（爭，意思是对拉。"受"和"厂"合起来表示字义。）段玉裁注："凡言争者，皆谓引之使归于己。"（凡是说到争，都是说拉过来归自己。）"争"字小篆写作![figure]，即繁体字"爭"的来源。简化字把"爫"写成了"ク"，原本表示手的偏旁"爫"消失了。

（4）"见"字，繁体字写作"見"，甲骨文写作![figure]，上边是一只大眼睛，下边是人，意思是睁大眼睛在看，即繁体字"見"的来源。汉代时出现根据草书楷化简写的"见"字，原本表示眼睛的偏旁"目"消失了。

（5）"开"字，繁体字写作"開"，战国文字写作![figure]，像两手拉动门栓开门之意，即繁体字"開"的来源。元代出现根据草书楷化简写的"闬"字，汉字简化时又省去"门"，写作"开"，原本表示门的偏旁"門"消失了。

（6）"买"字，繁体字写作"買"，甲骨文写作![figure]，上面是"网"，下面是"贝"，即繁体字"買"的来源。"贝"古代是货币，《说文解字》："買，市也。从网、贝。"（買，意思是购入。"网"和"贝"合起来表示字义。）金代出现根据草书楷化简写的"买"字，原本表示钱的偏旁"贝"和表示盛物用的偏旁"网"消失了。

（7）"巩"字，繁体字写作"鞏"，本义是用皮绳捆束物件。《说文解字》："鞏，以韦束也。《易》曰：'鞏用黄牛之革。'从革，巩声。"（鞏，意思是用皮绳捆束。《周易》说："要坚固就用黄牛皮的绳子。""革"表示字义，"巩"表示读音。）后汉字简化写作"巩"，原本表示皮绳的偏旁"革"消失了。

（8）"亲"字，繁体字写作"親"，西周铜器铭文写作𣂪，即繁体字"親"的来源。《说文解字》："親，至也。从见，亲声。"（親，意思是密切之至。"见"表示字义，"亲"表示读音。）段玉裁注："情意恳到曰至。父母者，情之最至者也，故谓之親。"（情谊密切叫作至。父母是情谊最密切的，所以叫作"親"。）金代时出现省去"见"的简体"亲"字，原本表示看见的偏旁"见"消失了。

（9）"进"字，繁体字写作"進"，甲骨文写作𧿒，西周铜器铭文加"彳"写作𢕟，即繁体字"進"的来源。高鸿缙《字例》："（甲骨文𧿒）字从隹，从止，会意。止即脚，隹脚能进不能退，故以取意。"是说鸟行走时只能向前，不会后退，所以用"鸟"和"脚"表示"前进"的意思。"進"字笔画繁复，现代人改为从"辶"、"井"声的"进"字，原本表示鸟的偏旁"隹"消失了。

（10）"丽"字，繁体字写作"麗"，甲骨文写作𪋿，像头上有双角的鹿，即繁体字"麗"的来源。《说文解字》"麗"的古文写作丽，当是省去鹿身的简体。后简体字写作"丽"，原本表示鹿的偏旁"鹿"消失了。

（11）"习"字，繁体字写作"習"，甲骨文写作習，上面是

"羽"，下面本来是"日"，意思是小鸟在晴日里练习飞翔，即繁体字"習"的来源。"習"字唐代时有简化作"羽"的，后又进一步简化作"习"，原本表示太阳的"日"和表示部分翅膀的"习"消失了。

（12）"法"字，西周铜器铭文写作，左上方是"去"，左下方是"水"，右边是"廌"。"廌"是一种传说中可以辨别是非的独角神兽，见人争斗，用角去触不正直者，使其离去。即繁体字"灋"的来源。《说文解字》："灋，刑也。平之如水，从水；廌，所以触不直者；去之，从去。法，今文省。"（灋，是刑法。意思是法律像水一样平正，所以有"水"字旁；"廌"是用来撞触不正直的人的；使不正直的一方离开，所以有"去"字旁。"法"是现在的省略写法。）"灋"字简化作"法"，原本表示神兽的偏旁"廌"消失了。

（13）还有前面我们讲过的"声"字，繁体字写作"聲"，简化写作"声"，原本表示击打磬的"殳"和"耳"消失了。

偏旁例解

上面我们从总体上讲了偏旁相关知识及问题，下面我们举例分析常用字中含有"米、示、欠"偏旁（部件）字的情况，看一下它们的来源及功能。

（一）"米"字旁例解

"米"字，甲骨文写作，上下小点像谷粒，中间像筛子。有"米"字旁的字大都跟粮食有关系，常用字中有"米"字的字大致有下面几类。

1. 与粮食有关

这一类字有"粥、粮、粟、糠、糯、粱、糙、糕、籽、粽、粳、糊、糜"等①。

"糊"字,本义是用米做的稠粥。《集韵》模韵:"糊,煮米及面为鬻。""鬻"就是粥。

"糜"字,本义是米糊。《释名·释饮食》:"糜,煮米使糜烂也。"

2. 现在的意思跟粮食没有关系,但是最初的意思与粮食有关

这一类字有"精、粗、粉、粒、糖、糟、粘、粹、料、掬、糇、鬻、粲"等。

"精细"的"精",本义是指精选的米。《说文解字》:"精,择也。从米,青声。"(精,意思是捡择米粒。"米"表示字义,"青"表示读音。)《论语·乡党》:"食不厌精,脍不厌细。"(米尽可能舂得精细,肉尽可能切得细致。)

"粗糙"的"粗",本义是指粗糙的米,也就是粗粮。《说文解字》:"粗,疏也。从米,且声。"(粗,意思是糙米。"米"表示字义,"且"表示读音。)《庄子·人间世》:"吾食也执粗而不臧。"(我每天吃的都是粗糙不精细的食物。)

---

① 这一类字例下面只讲解偏旁义和字义关系不明显的字,明显的略去不讲。(下同)

"面粉"的"粉",本义是古人化妆用的米粉。《说文解字》："粉,傅面者也。从米,分声。"(粉,意思是敷抹在脸上的粉。"米"表示字义,"分"表示读音。)战国楚宋玉《登徒子好色赋》："著粉则太白,施朱则太赤。"(涂粉就显得太白,涂胭脂就显得太红。)

"米粒"的"粒",本义是米粒。《说文解字》："粒,糂也。从米,立声。"(粒,意思是米粒。"米"表示字义,"立"表示读音。)段玉裁注："糂,此当做米粒也。"《孟子·滕文公上》："乐岁,粒米狼戾。"(丰年,米粒撒得满地都是。)

"糖果"的"糖",是从麦芽中提炼出来的。

"酒糟"的"糟",本义是带渣未过滤的酒。《说文解字》："糟,酒滓也。从米,曹声。"(糟,意思是带滓的酒。"米"表示字义,"曹"表示读音。)

"粘贴"的"粘",本义是有黏性的黍米糊,原本写作"黏",有"黍"字旁当为黍米做成。《集韵》盐韵："黏,《说文》:'相箸也。'或从米。"(黏,《说文》说:"糊物相黏着。"有的是"米"字旁。)

"纯粹"的"粹",本义是纯净无杂质的精米。《说文解字》："粹,不杂也。从米,卒声。"(粹,意思是无杂质的米。"米"表示字义,"卒"表示读音。)段玉裁注："按粹本是精米之偁。"

"材料"的"料",春秋铜器铭文写作𥸨,像米在斗里,本义是称量。《说文解字》："料,量也。从斗,米在其中。读若辽。"(料,意思是称量。有"斗"字旁,由米在斗中表示字义。读音像"辽"。）段玉裁注："量者,称轻重也。称其轻重曰量,称其多少曰料,其义一也。"（量,就是称轻重。称它的轻重叫作量,称它的多少叫作料,意思一样。）

"笑容可掬"的"掬",原本写作"匊",本义是手里捧着一捧米。后因字形变化,"勹"看不出手的意思,又加"扌"写作"掬"。

"出糗"的"糗",本义是干粮,即炒熟的米或面等。《说文解字》："糗,熬米麦也。从米,臭声。"（糗,意思是炒熟的米麦。"米"表示字义,"臭"表示读音。）桂馥《说文解字义证》："米麦火干之乃有香气,故谓之臭。"

"卖儿鬻女"的"鬻",本义是"粥",小篆写作 ,下面是炊器,中间是米,两边是煮米时冒的热气。后来借去表示"卖"的意思,于是省去下面的"鬲"写作"粥"表示原先的意思。

"粲然"的"粲",本义是精米,即舂得精细的白米。《说文解字》："粲,稻重一柘,为粟二十斗,为米十斗,曰毇;为米六斗太半斗,曰粲。从米,奴声。"（粲,意思是稻子重量一担,合粟二十斗,舂成米十斗,叫作"糙米";舂成米六斗又大半斗,叫作"精米"。"米"表示字义,"奴"表示读音。）

3. 简体字没有"米"字旁,但是繁体有,本义与粮食有关

这一类字有"氣、竊"等。

"气体"的"气",繁体字写作"氣",本义是送客人饲料和粮食。《说文解字》："氣,馈客刍米也。从米,气声。《春秋传》曰:'齐人来氣诸侯。'"（氣,意思是赠送客人饲料和粮食。"米"表示字义,"气"表示读音。《春秋传》说:"齐国人来赠送给各

诸侯国军队饲料和粮食。")《左传·僖公十五年》:"是岁晋又饥,秦伯又氣之粟。"(这一年晋国又出现饥荒,秦伯又赠送他们粟米。)其实,简体"气"和繁体"氣"是两个不同的字。"气"字甲骨文写作三,像云层相叠之形,本义是云,泛指气体。《说文解字》:"气,云气也。象形。"(气,意思是云气。象云的样子。)后来为了避免和"三"字混淆,又把笔画折弯,写作𠂣。古代典籍中多用"氣"表示气体,1935年《简体字表》用"气"做"氣"的简体。

"盗窃"的"窃",繁体字写作"竊",前面讲了,意思是从穴中偷米出来。元代时依草书楷化简化为"窃"。

4."米"字旁表示读音

这一类字有"迷、眯、咪、麋"等。

5."米"字旁是偏旁带来的

这一类字有"类、籴、粜、楼、搂、篓、缕、屡、缕、鞠、菊、谜、磷、鳞、鄰、麟、燦、璨、懊、澳、噢"等。

"类"字,繁体字写作"類",小篆写作 𩔖 ,本义是同一种类的事物相似。《说文解字》:"類,种类相似,唯犬为甚。从犬,頪声。"(類,意思是同一种类的事物相似,犬最为典型。"犬"表示字义,"頪"表示读音。)"類"字的"米"是声旁"頪"字带来的。金代出现省去"页"和"丶"的简体"类"字。

"籴"字,繁体字写作"糴",本义是买入粮食。《说文解字》:"糴,市谷也。从入,从耀。"(糴,意思是买入粮食。"入"和"耀"合起来表示字义。)段玉裁说:"耀亦声。"("耀"也表示读音。）"糶"字的"米"是偏旁"糴"字带来的。唐代出现省去右边"翟"的简体"籴"字。

"粜"字，繁体字写作"糶"，本义是卖出粮食。《说文解字》："糶，出谷也。从出，从糴，糴亦声。"（糶，意思是卖出粮食。"出"和"糴"合起来表示字义，"糴"也表示读音。）"糶"字的"米"是偏旁"糴"字带来的。唐代出现省去右边"翟"的简体"粜"字。

"楼、搂、篓、屡、缕、数"的"米"是声旁"娄"字带来的。

"鞠、菊"的"米"是声旁"匊"字带来的。

"谜"字的"米"是声旁"迷"字带来的。

"磷、鳞、粼、麟"的"米"是声旁"粦"字带来的。

"燦、璨"的"米"是声旁"粲"字带来的。

"懊、澳、噢"的"米"是声旁"奥"字带来的。

6. "米"字旁是字体讹变造成的

这一类字有"粪、屎、粤、奥、舜"等。

"粪"字，繁体字写作"糞"，甲骨文写作𦥔，像双手拿簸箕扫除秽物，上面小点儿像秽物，后来把表示秽物的小点儿写成了"米"字。《说文解字》："糞，弃除也。从廾推莘弃釆也。官溥说：似米而非米者，矢字。"（粪，意思是清除粪便。从廾推莘扫除秽物。官溥说：像"米"但不是"米"的，是"屎"字。）汉代出现省去中间"田"的简体"粪"字。

"屎"字，甲骨文写作𡰣，像人在大便，下面数点是排泄物，后来把表示排泄物的小点儿写成了"米"字。

"粤"字，原本写作"雩"，后因字义字音变化而转写作
"粤"。

"奥"字，小篆写作 𡫏 ，《说文解字》："奥，宛也。室之
西南隅。从宀，𥝫声。"（奥，意思是宛曲。又指房屋的西南
角。"宀"表示字义，"𥝫"表示读音。）后来把上面的"釆"
错写为"米"。

"粦"字，前面讲了，古文字上面原本是表示火的"炎"，下
面是双脚，本义是能走的火，也就是所谓的"鬼火"。后来把表
示火的"炎"写成了"米"字旁。

7. "米"字旁是字体简化造成的

这一类字有"断、继、渊、娄"等。

"断"字，繁体字写作"斷"，晋代出现根据草书楷化简写
的"断"字。

"继"字，繁体字写作"繼"，汉代出现根据草书楷化简写
的"继"字。

"渊"字，繁体字写作"淵"，西周铜器铭文写作 𣻍 ，像河
中回流的水。《说文解字》："淵，回水也。从水，象形。左右，
岸也。中象水皃。"（淵，意思是洄流的水。"水"表示字义，
"𠕎"象水流的形状。"𠕎"左右两边像河岸，中间像流水的样
子。）后草书楷化把中间写成了"米"，简体的"渊"最早见于南
北朝。

"娄"字，繁体字写作"婁"，"婁"的本义是镂空。《说文解
字》："婁，空也。从毋、中、女，空之意也。"这句话语义不明，后

人有不同的解释。汉代出现根据草书楷化简写的“娄”字，汉字简化时把“娄”作为规范字。

现代汉语 3500 常用字中有“米”的字

与粮食有关的 11 字	粥、粮、粟、糠、糯、粱、糙、糕、糜、籽、糊
最初的意思与粮食有关的 10 字	精、粗、粉、粒、糖、糟、粘、粹、料、掬
繁体字有的 2 字	氣、竊
表音的 4 字	迷、眯、咪、麋
偏旁字带来的 15 字	类、楼、搂、篓、屡、缕、数、鞠、菊、谜、磷、鳞、燦、懊、澳
讹变造成的 4 字	粪、屎、粤、奥
简化造成的 4 字	断、继、渊、娄

表中只列出 3500 常用字中的字例，3500 常用字中有“米”字这个形体的字有 50 字，其中与粮食义明显有关的 11 字，占 22%；最初的意思与粮食有关，稍加讲解就能明白的 10 字，占 20%。二者合起来为 42%，就是说“米”字旁（偏旁和部件）的字有近一半可以表义。其实繁体字“氣、竊”最初的意思也与粮食有关。

（二）“示”字旁例解

“示”字，甲骨文写作，像木牌或石柱做的神主牌，用于祭祀。“示”字旁的字大都跟祭祀或者鬼神有关，常用字中有“示”字的字大致有下面几类。

1. 与祭祀或者鬼神有关

这一类字有"宗、祭、祟、神、福、祸、祝、祥、祠、祈、祷、禄、祀、祺、禅"等。

"宗"字，甲骨文写作，像房里有神主牌，本义是在家里祭祀祖先。

"祭"字，甲骨文写作，像手里拿着一块带血的肉，后加"示"写作，是说手持肉块在神主牌前，本义是祭祀。

"祟"字，本义是指鬼神给人的灾祸。《说文解字》："祟，神祸也。从示，从出。"（祟，意思是鬼神给人的灾祸。"示"和"出"合起来表示字义。）《庄子·天道》："其鬼不祟，其魂不疲。"（鬼神不会祸害，精神不会疲惫。）

"福"字，是上帝的赐福。《说文解字》："福，祐也。从示，畐声。"（福，意思是神明降福保佑。"示"表示字义，"畐"表示读音。）

"祸"字，是上帝给人的灾难。繁体字写作"禍"，《说文解字》："禍，害也，神不福也。从示，咼声。"（祸，意思是祸害，神明不降福保佑。"示"表示字义，"咼"表示读音。）

"祝"字，甲骨文写作，像人在神主前祝祷。《说文解字》："祝，祭主赞词者。从示，从人、口。"（祝，意思是祭祀时主管向神灵祷告的人。"示、人、口"合起来表示字义。）

"祥"字，是神所示的福瑞。《说文解字》："祥，福也。从示，羊声。"（祥，意思是福瑞。"示"表示字义，"羊"表示读音。）

"祠"字，是一种祭祀的名称。《说文解字》："祠，春祭曰祠。品物少，多文词也。从示，司声。"（祠，意思是春日的祭祀。春季祭祀时品物少，而仪式文词多。"示"表示字义，"司"表示读音。）

"祈"字，是求福。《说文解字》："祈，求福也。从示，斤声。"（祈，意思是向神灵求福。"示"表示字义，"斤"表示读音。）

"祷"字，是求福。《说文解字》："祷，告事求福也。从示，寿声。"（祷，意思是向神灵祷告祈求福祉。"示"表示字义，"寿"表示读音。）

"禄"字，是上帝的赐福。《说文解字》："禄，福也。从示，录声。"（禄，意思是福气。"示"表示字义，"录"表示读音。）

"祀"字，是永久祭祀。《说文解字》："祀，祭无已也。从示，巳声。"（祀，意思是祭祀不停止。"示"表示字义，"巳"表示读音。）

"祺"字，是吉祥的征兆。《说文解字》："祺，吉也。从示，其声。"（祺，意思是吉祥。"示"表示字义，"其"表示读音。）

"禅"字，是古代的一种祭祀。《说文解字》："禅，祭天也。从示，单声。"（禅，意思是祭天。"示"表示字义，"单"表示读音。）

2. 现在的意思跟祭祀与鬼神没有关系，但最初的意思跟祭祀与鬼神有关

这一类字有"社、祖、禁、礼"等。

"社会"的"社"，甲骨文写作 ☖，本义指土地神和祭祀土地神的地方，后来为了强调祭祀义，加"示"写作"社"。《说

文解字》:"社,地主也。从示、土。"(社,意思是土地的神主。"示"和"土"合起来表示字义。)

"祖国"的"祖",甲骨文写作且,一说是祭祀祖先的牌位,后来为了强调祭祀义,加"示"写作"祖"。《说文解字》:"祖,始庙也。从示,且声。"(祖,意思是祭祀始祖的庙。"示"表示字义,"且"表示读音。)一说是雄性生殖器。

"禁止"的"禁",本义是对鬼神为祸的避忌。《说文解字》:"禁,吉凶之忌也。从示,林声。"(禁,意思是关于吉凶的避忌。"示"表示字义,"林"表示读音。)《礼记·曲礼上》:"入竟而问禁,入国而问俗,入门而问讳。"(进入国境要先打听禁忌,进入都城要先打听风俗,进入别人家要先打听家讳。)

"礼节"的"礼",繁体字写作"禮",甲骨文写作豊,下面是礼器"豆",里面是两串"玉",古人举行仪式时用豆盛玉。原本与"豊"同字,后分写为"豊",加"示"写作"禮",本义是祭拜活动。《说文解字》:"禮,履也。所以事神致福也。从示,从豊,豊亦声。祀,古文禮。"(禮,意思是履行敬拜活动。是用来敬神致福的。"示"和"豊"合起来表示字义,"豊"也表示读音。礼,是古文"禮"字。)"礼"和"禮"汉代已有通用。

3. 简体字没有"示"字旁,但是繁体有,本义与祭祀或鬼神有关

这一类字有"御"字。

"防御"的"御",繁体字写作"禦",甲骨文写作，本义是御除灾殃的祭祀。《说文解字》:"禦,祀也。从示,御声。"(禦,

意思是一种祭祀。"示"表示字义,"御"表示读音。)其实"御"和"禦"是两个不同的字。"御"字甲骨文写作𝕏,意思是手持马鞭跪坐着驾驭马车。先秦时"御"和"禦"就通用,汉字简化时用"御"取代"禦"作为规范字。

4."示"字旁表示读音

这一类字有"视、祁、柰、奈"等。

因为古今语音发生了变化,有的字读音和以前不一样了。例如:

"视",看。形声字,从见,示声。

"祁",县名。形声字,从邑,示声。

"柰",果树名。形声字,从木,示声。

"奈",本来写作"柰",战国时期"柰"写作齌,上面的"木"近似于"大",于是出现"奈"字,后来"奈"专用于"奈何"义。

5."示"字旁是偏旁带来的

这一类字有"崇、际、察、擦、捺、漂、飘、瓢、膘、标、赊、蔚、慰、棕、踪、综、凛、檩、襟、蒜、款"等。

"崇"字的"示"是声旁"宗"字带来的。《说文解字》:"崇,嵬高也。从山,宗声。"(崇,意思是山大而且高。"山"表示字义,"宗"表示读音。)

"际"字,繁体字写作"際",本义是指两堵墙相接处的缝隙。《说文解字》:"際,壁会也。从阜,祭声。"(際,意思是两堵墙相接处的缝隙。"阜"表示字义,"祭"表示读音。)"際"字的"示"是声旁"祭"字带来的,后简写作"际"。简体字"际"

最早收录在 1935 年《手头字第一期字汇》。

"察"字，本义是屋檐向下覆盖。《说文解字》："察，覆也。从宀，祭声。"（察，意思是屋檐向下覆盖。"宀"表示字义，"祭"表示读音。）"察"字的"示"是声旁"祭"字带来的。"察"字后来由屋檐向下覆盖义引申为从上而下的覆审、审察、审核。

"擦"字的"示"是声旁"察"字带来的。

"捺"字的"示"是声旁"奈"字带来的。

"漂、飘、瓢、膘、標（标）"的"示"是声旁"票"字带来的。

"赊"字的"示"是声旁"佘"字带来的。

"蔚、慰"字的"示"是声旁"尉"字带来的。

"棕、踪、综"的"示"是声旁"宗"字带来的。

"凛、檩"的"示"是声旁"稟"字带来的。

"襟"字的"示"是声旁"禁"字带来的。

"蒜"字的"示"是声旁"祘"字带来的。

"款"字的"示"是声旁"欯"字带来的。

6. "示"字旁是字体讹变造成的

这一类字有"佘、票、稟、尉"字。

"佘"字，家族的姓氏，本来写作"余"，后来为了区别字义改写成"佘"。

"票"字，战国文字写作（票），下面原先是火，意思是火星飞迸，后来"火"讹变为"示"字。

"稟"字，是"稟"俗体字。"稟"字下边是"禾"，《说文解字》："稟，赐谷也。从亩，从禾。"（稟，意思是官府赏赐的谷物。

"畐"和"禾"合起来表示字义。)后来"禾"讹变为"示"字。

"尉"字,战国文字写作 尉,本义是拿着烧热的熨斗把织物熨平展。左下角原本是"火",后来"火"写作"小",和"尸"下面的"二"合成为"示"。

现代汉语 3500 常用字中有"示"的字

与祭祀或鬼神有关的 11 字	宗、祭、祟、神、福、祸、祝、祥、祠、祈、祷
最初的意思与祭祀或鬼神有关的 4 字	社、祖、禁、礼
繁体字有的 1 字	禦
表音的 2 字	视、奈
偏旁字带来的 21 字	崇、际、察、擦、捺、漂、飘、瓢、膘、标、赊、蔚、慰、棕、踪、综、凛、檩、襟、蒜、款
讹变造成的 3 字	票、禀、尉

表中只列出 3500 常用字中的字例,3500 常用字中有"示"字这个形体的字有 42 字,其中与祭祀或鬼神义明显有关的 11 字,占 26.2%;最初的意思跟祭祀与鬼神有关,稍加讲解就能明白的 4 字,占 9.5%。二者合起来为 35.7%,就是说"示"字旁(偏旁或部件)的字有三分之一多可以表义。其实繁体字"禦"最初的意思也与祭祀和鬼神义有关。

(三)"欠"字旁例解

"欠"字,甲骨文写作 欠,像人张口出气之形,有人说是打哈欠。《说文解字》:"欠,张口气悟也。象气从人上出之形。"

（欠，意思是张口而气散出。像气从人上部出去的样子。）有"欠"字旁的字大都跟张嘴有关系，常用字中有"欠"字的字大致有下面几类。

1. 与张嘴有关

这一类字有"吹、饮、歌、欢、欣、欺、欷、歔、歃"等。

"欣"字，《说文解字》："欣，笑喜也。从欠，斤声。"（欣，意思是欢笑喜乐。"欠"表示字义，"斤"表示读音。）喜乐就会开口笑，所以有"欠"字旁。

"欺"字，《说文解字》："欺，诈欺也。从欠，其声。"（欺，意思是欺骗。"欠"表示字义，"其"表示读音。）欺骗用口，所以有"欠"字旁。

"欷"字，《说文解字》："欷，歔也。从欠，稀省声。"（欷，意思是"歔"，即哽咽，抽泣。"欠"表示字义，"稀"表示读音，"稀"做声旁时省去左边的"禾"。）

"歔"字，《说文解字》："歔，欷也。从欠，虚声。一曰出气也。"（歔，意思是"欷"，即哽咽，抽泣。"欠"表示字义，"虚"表示读音。一种说法是出气。）

"欷""歔"意思一样，现代汉语连用，作"欷歔"或"歔欷"，意思是哽咽，抽泣。

"歃"字，《说文解字》："歃，歠也。从欠，臿声。《春秋传》曰：'歃而忘。'"（歃，意思是饮血。"欠"表示字义，"臿"表示读音。《春秋传》说："饮血的时候突然忘了盟誓之词。"）现在还说"歃血为盟"。

2. 现在的意思跟张嘴没有关系，但是最初的意思跟张嘴有关

这一类字有"欲、欧、款、歉、歇、钦、次、盗、羡"等。

"欲望"的"欲"，《说文解字》："欲，贪欲也。从欠，谷声。"（欲，意思是贪图得到。"欠"表示字义，"谷"表示读音。）段玉裁注："欲，从欠者，取慕液之意。"（"欲"有"欠"字旁，是取其羡慕而流涎水的意思。）

"欧洲"的"欧"，本义是张嘴呕吐。《说文解字》："欧，吐也。从欠，区声。""欧"和"呕"原先是一对异体字，后来表示呕吐的意思都写作"呕"，现代汉语"欧"主要用作译音字和姓名。

"款待"的"款"，本义是欲求。《说文解字》："款，意有所欲也。从欠，款省。"（款，意思是有所欲求。"欠"表示字义，"款"表示读音，"款"做声旁时省去一部分。）

"歉意"的"歉"，本义是食物少，吃不饱。《说文解字》："歉，歉食不满。从欠，兼声。"（歉，意思是粮食不够，吃不饱。"欠"表示字义，"兼"表示读音。）

"歇息"的"歇"，本义是喘气休息。《说文解字》："歇，息也。一曰气越泄。从欠，曷声。"（歇，意思是休息。一说是气散发，泄露。"欠"表示字义，"曷"表示读音。）

"钦差"的"钦"，本义是疲倦而张嘴打哈欠。《说文解字》："钦，欠皃。从欠，金声。"（钦，意思是打哈欠的样子。"欠"表示字义，"金"表示读音。）

"次第"的"次"，甲骨文像一个人张嘴流口水的样子，有

写作一点水$\cdot$、两点水$\cdot\cdot$的,也有写作三点水$\cdot\cdot\cdot$、四点水$\cdot\cdot\cdot\cdot$的。

"偷盗"的"盗",甲骨文写作盗,像一个人看着盘子,张着大嘴,流着涎水,一副想偷东西的样子。

"羡慕"的"羡",小篆写作羡,上面是羊,下边是人张着大嘴,流着涎水,表示贪馋美味的意思。《说文解字》:"羡,贪欲也。"

3.简体字没有"欠"字旁,但是繁体有,本义与张嘴有关

这一类字有"叹"字。

"叹"字,繁体字写作"嘆",异体字写作"歎"。《说文解字》:"歎,吟也。从欠,鸛省声。"（歎,意思是吟诵。"欠"表示字义,"鸛"表示读音,"鸛"做声旁时省去右边的"鸟"。）

4."欠"字旁表示读音

这一类字有"芡、砍、坎"等。

因为古今语音发生了变化,有的字的读音和以前不一样了。例如:

"砍",形声字,从石,欠声。

"坎",形声字,从土,欠声。

5."欠"字旁是偏旁带来的

这一类字有"炊、嵌、漱、嗽、姿、资、瓷、咨"等。

"炊"的"欠"是声旁"吹"字带来的。《说文解字》:"炊,爨也。从火,吹省声。"（炊,意思是烧火煮食物。"火"表示字义,"吹"表示读音,"吹"做声旁时省去"口"字。）

"嵌"字,本义是山谷幽深的样子。《说文解字》:"嵌,山深皃。从山,歉省声。"（嵌,意思是山谷幽深的样子。"山"表示

字义，"欺"表示读音，"欺"做声旁时省去左边的"其"。）"嵌"字的"欠"是声旁"欺"字带来的。

"漱"字，本义是含水冲洗口腔。《说文解字》："漱，荡口也。从水，欶声。"（漱，意思是含水冲洗口腔。"水"表示字义，"欶"表示读音。）"漱"字的"欠"是声旁"欶"字带来的。

"嗽"字，本义是咳嗽。《玉篇》口部："嗽，咳嗽也。"唐白居易《自叹》："春来痰气动，老去嗽声深。"（春天到了痰多起来，渐渐老去咳嗽声沉。）"嗽"的"欠"是声旁"欶"字带来的。

"姿、资、瓷、咨"的"欠"是声旁"次"字带来的。

6."欠"字旁是字体讹变造成的

这一类字有"软"字。

"柔软"的"软"，本义是丧车，是一种用蒲草裹住车轮使其行走时不颠簸的车。它的右边原先是"而"，小篆写作𨍍，后来字体发生了变化，把"而"字错写成"欠"字了。

现代汉语 3500 常用字中有"欠"的字

与张口有关的 6 字	吹、饮、歌、欢、欣、欺
最初的意思与张口有关的 9 字	欲、盗、羡、欧、款、歉、歇、钦、次
繁体字有的 1 字	欤
表音的 2 字	砍、坎
偏旁字带来的 8 字	炊、嵌、姿、资、瓷、咨、漱、嗽
讹变造成的 1 字	软

表中只列出 3500 常用字中的字例，3500 常用字中有"欠"字这个形体的字有 27 字，其中与张口明显有关的 6 字，占 22.2%；最初的意思跟张口有关，稍加讲解就能明白的 9 字，占 33.3%。二者合起来为 55.5%，就是说"欠"字旁（偏旁或部件）的字有一半以上可以表义。其实繁体字"歎"意思也与张口有关。

第六节　偏旁与部首的问题

一、部首的定义

《现代汉语词典》（第 7 版）："部首是具有字形归类作用的偏旁，是字书中各部的首字。汉语辞书常常根据汉字形体偏旁进行检索，形成部首检字法。"《汉语大词典》：部首是"字典、词典根据汉字形体偏旁所分的门类"。

合体字中许多字有一样的偏旁，字典为了便于编排、易于查找，就把同偏旁的字排在一起，列为一部，这个偏旁就是这一部的首字，叫作"部首"。

二、部首的形成

部首是东汉许慎创建的。公元 121 年许慎编撰中国第一部字典——《说文解字》，收录汉字 9353 个。许慎对所收汉字的小篆形体进行分析归纳，将有同样表义形旁的字归为一

部,共 540 部。例如:

江、河、湖、海都有"水"字旁,于是立"水"字为部首,所有"水"字旁和水有关系的字都列在部首"水"下。

桃、李、梅、杏都有"木"字旁,于是立"木"字为部首,所有"木"字旁和木有关系的字都列在部首"木"下。

540 部的排列原则是"据形系联",也就是说部首与部首之间是根据字形系联的,例如:第一篇前 7 个部首"一、上、示、三、王、玉、珏"是在"一"的基础上累增而成;第八篇的第 37 个部首由"人"开始,后面或为倒人,或为反人,或二人相从,或二人相背,均由"人"形连类而及[1]。

部内的属字是按照一定的体例排列的,例如:部首"木"属下的字有 421 个,这 421 字先列出树名的字,例如橘、柚、榆、桂等;再列出树木各部位名称的字,例如枝、权、株、根等;然后列出描述树木形态的字,例如格、枯、柔、材等;最后列出木制品的字,木制品里再分成不同的小类,例如楼、栅、梳、枕等,依次排列[2]。

三、部首的立部和归部

许慎 540 部是根据小篆形体分析归纳建立的,到了明朝,字形已由小篆经隶书演变为楷书,梅膺祚编写《字汇》时,根

---

① 参见殷寄明:《〈说文〉研究》第 124 页,香港文汇出版社 2005 年。
② 参见黄天树:《说文解字通论》第 205 页,北京大学出版社 2014 年。

据楷书形体对部首重新做了分析归并,立为214部。此后,许多大型字典,诸如《康熙字典》《中华大字典》《辞源》《辞海》等都沿用梅膺祚的214部。后来的《汉语大字典》《汉语大词典》是200部,现在的《新华字典》(第11版)和《现代汉语词典》(第7版)是201部。

字典建立部首叫作"立部",一般来说,字典有多少部首,有哪些部首,取决于能否把字典的字都归在部首里。把字归到部首里叫作"归部","归部"就是确定一个字哪个部分是部首。例如:"河"字,"水"是部首;"闷"字,"心"是部首;"朔"字,"月"是部首。

字典里"立部"和"归部"相互制约,确定不同的归部就会出现不同的立部,归部越细,立部越多。例如:《说文解字》有"月"和"月"两个部首,与肉块和身体有关的"肌、胯、脚"归"月"部;与月亮有关的"期、朗、朔"归"月"部。后来的字典把与肉块和身体有关的"肌、胯、脚"并入"月"部,这样字典就少立了一个部首。再如:《说文解字》列"王"和"玉"两个部首,与王有关的"皇、闰"归"王"部;与玉有关的"珠、玲"归"玉"部。后来的字典把"闰"归"门"部,把"皇"归"白"部,这样字典就少立了一个部首。

四、"据义归部"和"据形归部"

《说文解字》是"据义归部"的,就是把字的表义偏旁确定为部首,部首和从属字有意义上的联系。例如:

部首"女"字下 238 个从属字都和女性有关系,但是"汝"字不在其中,"汝"是水名,归在部首"水"下。

部首"水"字下 468 个从属字都和水有关系,但是"鸿"字不在其中,"鸿"是鸟名,归在部首"鸟"下。

部首"门"字下 57 个从属字都跟门户有关系,但是"闷、问、闻、闰"不在其内。"闷"是心里烦闷,归在部首"心"下;"问"是张口询问,归在部首"口"下;"闻"是听到声音,归在部首"耳"下;"闰"是王在闰月中,归在部首"王"下。

从《字汇》开始,为了便于查检,开始"据形归部",就是依据偏旁形体确定一个字的部首,例如"闷、问、闻、闰",不论字义都归在"门"字下。

现在除了和古汉语关系密切的字典、辞书,例如《汉语大字典》《汉语大词典》《王力古汉语字典》仍主要采用"据义归部"以外,《新华字典》和《现代汉语词典》等常用词典都是"据形归部"。

再后来,为了更方便使用,一些字典采用"多开门"的方法,就是对一些归部不明显的字在多个部首下同时列出。《现代汉语词典》(第 7 版)"部首检字表"下注明:"为方便读者查检,《检字表》中有些字采取'多开门'的方式分别收在所属规定部首和传统习用部首之下。"例如:

"思"字在部首"田"下,也在部首"心"下;"和"字在部首"禾"下,也在部首"口"下;"召"字在部首"口"下,也在部首"刀"下;"至"字在部首"土"下,也在部首"一"下;"鸿"字在部首"犭"下,也在部首"鸟"下。

"据形归部"和"多开门"的好处是方便查检,但也有一些问题。前面说了,因字体讹变而产生的假"形旁"和偏旁字带来的"形旁"以及表音的声旁,会与其他字的形旁归在一个部首下。现在的字典虽然不是"据义归部",但形声字仍主要以表义的形旁归部,这样对于不熟悉汉字偏旁来龙去脉的人,特别是初学者,就容易被误导,以为部首下的偏旁是表义的形旁。

五、部首与偏旁的关系

1. 部首是字典根据汉字形体偏旁所分的门类,用于汉字排列和检索;偏旁是汉字形体的组成部分,用于分析字形,提示字义和字音。

2. 部首源于偏旁,但是许多偏旁不是部首。例如:"狼"字,"犭"是形旁,"良"是声旁,"犭"是部首,"良"不是;"照"字,"灬"是形旁,"昭"是声旁,"灬"是部首,"昭"不是;"劣"字,"力"是形旁,"少"是形旁,"力"是部首,"少"不是。

3. 偏旁和部首内涵不同。例如:"氵"是部首,也是偏旁,当"氵"被称作"河、湖、海"的偏旁时,表示这些字的含义与水有关;当"氵"被称作"河、湖、海"的部首时,表示这些字在字典里归属"氵"部。

4. 分析汉字形体结构时要说"偏旁",使用字典查找汉字时要说"部首"。

第七节　偏旁与部件的问题

一、部件的定义

《现代汉语词典》(第 7 版):部件是"汉字的组成部分,由若干笔画构成:'休'由'亻、木'两个部件组成"。《现代常用字部件及部件名称规范》说:"部件是由笔画组成的具有组配汉字功能的构字单位。"

部件是分析现代汉字形体的术语,大多数由多个笔画组成,因此部件是"由笔画组成的具有组配汉字功能的块状构字单位"。

二、部件的形成

部件一语最早出现于 20 世纪五六十年代,苏培成说:"学者们在分析汉字的字形时,发现在整字和笔画之间存在着中介部分,这部分对汉字字形的构成十分重要,需要专门进行研究。在 20 世纪 50 年代,有人把这一部分叫作'字根',见杜定友的论文《方块字的怪组织》;也有人叫作'部件',见倪海曙的论文《偏旁和部件》;此外,还有人叫'字元'、'字素'、'构件'、'组件'、'形位'等。现在有逐渐统一称为'部件'的趋势。"①

关于部件的定义,有不同的说法。 有的说部件是偏旁进

---

① 苏培成:《二十世纪的现代汉字研究》第 309 页,书海出版社 2001 年。

一步分解的部分,倪海曙说:偏旁进一步分解就是部件,"'部件'是比偏旁分析得更细的汉字结构单位,也就是按更多的部位来分的汉字结构单位。汉字的结构可以分析到偏旁,但是有的偏旁还可以再分析为更基本的结构单位,那就是'部件'。部件再分,成了笔画,就不是结构的单位了"[①]。有的直接用部件取代偏旁,高家莺等说:"我们主张分析汉字字形时对所有中间层次的结构单位只用'部件'一个名称,而不按照中间层次的差别分别使用'偏旁''部件''元件'等不同名称。"[②]

80 年代,人们开始用计算机输入汉字,汉字输入法除了拼音以外,还有汉字编码输入,就是把汉字拆分成笔画和部件,给每个笔画和部件编制代码,然后输入编码。用于计算机输入的部件因为受键位限制,所以切分的部件比较细碎,形体较小,数量较少。

三、部件的作用

部件的作用有二:一是汉字学习,二是电脑汉字输入。在汉字学习方面,部件适用于三个地方:指称因字体讹变而形成的不表义、不表音的构字单位;指称无关字义字音的汉字构字单位;指称偏旁切分后的构字单位。

---

① 倪海曙:《偏旁和部件》,《文字改革》1966 年第 1 期第 15 页。

② 高家莺等编著:《现代汉字学》第 52 页,高等教育出版社 1993 年。转引自苏培成:《二十世纪的现代汉字研究》第 315 页,书海出版社 2001 年。

（一）指称因字体讹变而形成的不表义、不表音的构字单位

一些汉字由于形体变化，包括后来的简化，字体构成部分不具有表义表音功能，这些部分需要用“部件”来解说。例如：

“它”字，是由“宀、匕”两个部件构成。“它”字甲骨文写作，原本像蛇的形状。现代汉字“它”的“宀、匕”跟字义和字音没关系，它们只是无理据可讲的“它”字的块状构字单位。

“京”字，由“亠、口、小”三个部件构成。“京”字甲骨文写作，像高台上建筑物的形状。现代汉字“京”的“亠、口、小”跟字义和字音没关系，它们只是无理据可讲的“京”字的块状构字单位。

这一类字也包括简体字，例如：

“击”字，是由“土”和“山”两个部件构成。“击”字繁体字写作“擊”，《说文解字》：“擊，支也。从手，毄声。”（擊，意思是打击。“手”表示字义，“毄”表示读音。）楷书时“軎”下面的“口”讹变为“凵”，近代民间出现省写的“軎”，后来又进一步简化写作“击”。“击”的“土、山”跟字义和字音没关系，它们只是无理据可讲的“击”字的块状构字单位。

“圣”字，是由“又、土”两个部件构成。“圣”字繁体字写作“聖”，小篆写作，甲骨文写作，上面是耳朵和口，下面是人，“口”表示说话，“耳”表示听觉，本义是听觉官能敏锐。李孝定说：“契文从，象人上着大耳，从口会意。圣之初谊为听

觉官能之敏锐,故引申训通,圣贤之义又其引申也。"①《说文解字》:"聖,通也。从耳,呈声。"(聖,意思是双耳通顺。"耳"表示字义,"呈"表示读音。)元代时出现简体的"圣"字,"圣"的"又、土"跟字义和字音没关系,它们只是无理据可讲的"圣"字的块状构字单位。

"盐"字,是由"土、卜、皿"三个部件构成。前面讲了,"盐"字繁体字写作"鹽",简体"盐"字的"土、卜、皿"跟字义和字音没关系,它们只是无理据可讲的"盐"字的块状构字单位。

"爱"字,是由"爫、冖、友"三个部件构成。"爱"字战国文字写作𡣀,小篆写作𢖻,《说文解字》:"愛,行皃。从夊,㤅声。"(愛,意思是行走的样子。"夊"表示字义,"㤅"表示读音。)"愛"字有"夊"字旁,本义跟行走有关。《诗经·邶风·静女》:"静女其姝,俟我于城隅。爱而不见,搔首踟蹰。"(雅静的姑娘真美丽,在城角等我。躲藏起来不露面,我走来走去不停地挠头。)书上说"愛"通"薆",意思是"隐藏"。《尔雅·释言》:"薆,隐也。"其实"愛"有"夊"字旁,本身就表示"行走"义。"愛"的声旁字"㤅"有"心"字旁,意思是惠爱,后来人们用"爱"取代"㤅"表示惠爱,而原本表示行走的意思不再使用。隶书把"㤅"上面的"旡"改为"爫"和"冖",写成了愛,草书楷化又把"愛"下边的"心"和"夊"简写为"友"。简体的"爱"最早见于隋代。简体"爱"字的"爫、冖、友"跟字义和

---

① 李孝定编述:《甲骨文字集释》第 3519 页,史语所 1970 年。

字音没关系,它们只是无理据可讲的"爱"字的块状构字单位。

只有无法切分部件的字才用笔画来描述,例如"卫、互、求、专、年、凹、凸"等。用部件是因为比笔画容易,例如:"圣"有 5 画,2 个部件;"击"有 5 画,2 个部件;"盐"有 10 画,3 个部件;"爱"有 10 画,3 个部件。

现代汉字有一些"半记号字",就是说一个字的部分偏旁——形旁或声旁,讹变为没有理据的符号,这个符号也是部件。例如:"春、秦、寒"等字中的"夫"和"共"。

"春"字,甲骨文写作 𣆚,左边是日在草中,右边是表示读音的"屯"。小篆写作 𦱺,《说文解字》:"𦱺,推也。从艸,从日,艸春时生也;屯声。"(𦱺,意思是推出万物。"艸"和"日"合起来表示字义,艸在春天破土而出;"屯"表示读音。)隶书写作"春",里面的"艸"和"屯"讹变为"夫","夫"是部件。

"秦"字,甲骨文写作 𥞥,上面是杵,手在两旁,下面是两棵禾,意思是双手举杵舂禾。商代晚期铜器铭文写作 𥞥,最为象形。小篆写作 𥠼,隶书写作"秦",上面的"杵"和双手的"廾"讹变为"夫","夫"是部件。

"寒"字,西周铜器铭文写作 𡎚,像人在室内,身上盖着草,身下垫着草,脚下是冰,本义是"寒冷"。小篆写作 𡩖,《说文解字》:"寒,冻也。从人在宀下,以茻荐覆之,下有仌。"(寒,意思是寒冷。以"人"在"宀"下,用草覆盖,下面有冰。)隶书写作"寒",里面的"茻"和"人"讹变为"共","共"是部件。

（二）指称无关字义字音的构成单位

部件也用来指称不需要做理据性分析的字的构字单位，不管这个字有没有理据，下面对比着看几个例子。

讲解"鼻"的构字原理，要用偏旁做理据性解说。例如："鼻"字上面的"自"是形旁，表示字义，"自"原本是鼻子的形状；下面的"畀"是声旁，表示读音。讲解"鼻"的形体结构，也就是讲"鼻"字怎么写时，则用部件做无理据性解说。例如："鼻"字上面是"自"，中间是"田"，下面是"廾"

讲解"怠"的构字原理，要用偏旁做理据性解说。例如："怠"字下面的"心"是形旁，表示字义，本义是怠慢，怠慢与心理活动有关；上面的"台"是声旁，表示读音。讲解"怠"的形体结构，也就是讲"怠"字怎么写时，则用部件做无理据性解说。例如："怠"字上面是"厶"，中间是"口"，下面是"心"。

讲解"谢"的构字原理，要用偏旁做理据性解说。例如："谢"字左边的"言"是形旁，表示字义，本义是辞谢，辞谢与言语有关；右边的"射"是声旁，表示读音。讲解"谢"的形体结构，也就是讲"谢"字怎么写时，则用部件做无理据性解说。例如："谢"字左边是"言"，中间是"身"，右边是"寸"。

讲解"抛"的构字原理，要用偏旁做理据性解说。例如："抛"字左边的"扌"是形旁，表示字义，本义是丢弃，丢弃与手有关；右边的"尥"是声旁，表示读音。讲解"抛"的形体结构，也就是讲"抛"字怎么写时，则用部件做无理据性解说。例如：

"抛"字左边是"扌",中间是"九",右边是"力"①。

讲解"澡"的构字原理,要用偏旁做理据性解说。例如:"澡"字左边的"氵"是形旁,表示字义,意思是洗澡,"洗澡"与水有关;右边的"喿"是声旁,表示读音。讲解"澡"的形体结构,也就是讲"澡"字怎么写时,则用部件做无理据性解说。例如:"澡"字左边是"氵",右边的上面是"品",下面是"木"。

讲解"宿"的构字原理,要用偏旁做理据性解说。例如:"宿"字上面是"宀",下面是"人"和"丙","丙"字甲骨文写作🏠,像席子,合起来表示人在房内睡觉。讲解"宿"的形体结构,也就是讲"宿"字怎么写时,则用部件做无理据性解说。例如:"宿"字上面是"宀",下面的左边是"亻",右边是"百"。

其实,用部件指称构字单位,不涉及字音和字义的做法,早在"部件"一语出现之前人们就已经使用了,而且使用至今。例如:"丘八、米田共、木子李、立早章、弓长张、讠午许、阝东陈、口天吴"等。

"丘八"是把"双手持斧"的"兵"字重新切分,无理据地指称构字单位。"丘八"一语很早就有了,宋《太平御览》卷四〇〇引《续晋阳秋》:"孔子名丘,'八'以配'丘',此兵字,路必有伏兵。"(孔子名字叫"丘","八"用来和"丘"相配,这就是"兵"字,路上一定有伏兵。)

---

①《说文解字》新附:"抛,弃也。从手从尤从力。或从手尥声。"(抛,意思是抛弃。"手"和"尤"和"力"合起来表示字义。另一种说法是"手"表示字义,"尥"表示读音。)

"米田共"是把表示扫除的"粪"字重新切分,无理据地指称构字单位。"粪"字,前面讲了,甲骨文写作齿,像双手拿簸箕扫除秽物。

"立早章"是把表示音乐完结的"章"字重新切分,无理据地指称构字单位。"章"字,《说文解字》:"章,乐竟为一章。从音,从十。十,数之终也。"(章,意思是音乐一曲完了为一章。"音"和"十"合起来表示字义。"十",表示十进位数的末尾。)段玉裁注:"歌所止曰章。"(歌曲完结叫作"章"。)

"木子李、弓长张、讠午许、阝东陈、口天吴"等虽然没有重新切分字形,但只是指称构字单位,无关字音和字义。

(三)指称偏旁切分后的构字单位

许多偏旁是合体字,合体偏旁可以切分,切分目的是为了进一步解说字形的构成。切分后的构字单位不涉及字义和字音,所以以"部件"称之。

"湖"字,本义是大水泽。《说文解字》:"湖,大陂也。从水,胡声。"(湖,意思是大水泽。"水"表示字义,"胡"表示读音。)

"湖"字的声旁"胡"是合体字,意思是牛脖子下的垂肉,可以切分为"古"和"月"。《说文解字》:"胡,牛颔垂也。从肉,古声。"(胡,意思是牛脖子下的垂肉。"月"表示字义,"古"表示读音。)

"胡"字的声旁"古"是合体字,意思是前代的故事,可以切分为"十"和"口"。《说文解字》:"古,故也。从十、口。识前言者也。"(古,指很久的年代,由十、口会意,表示多人口口相传,记识前代的故事。)

虽然"湖"的声旁"胡"、"胡"的声旁"古"都是合体字,都有理据性,但是"胡"的"牛脖子下的垂肉"义与"湖"无关;"古"的"前代的故事"义与"胡"无关,更与"湖"无关。

再举一个例子:

"認(认)"字,本义是认识。《玉篇》言部:"認,识认也。"(認,意思是认识。)《后汉书·卓茂传》:"时尝出行,有人认其马。"(当时卓茂曾经出行在外,有人指认他的马是自己丢失的。)"認"字的"言"是表义形旁,"忍"是表音声旁。

"認"字的声旁"忍"是合体字,意思是忍耐,可以切分为"刃"和"心"。《说文解字》:"忍,能也。从心,刃声。"(忍,意思是忍耐。"心"表示字义,"刃"表示读音。)

"忍"字的声旁的"刃"是合体字,意思是刀刃,可以切分为"刀"和"丶"。《说文解字》:"刃,刀坚也。象刀有刃之形。"(刃,意思是刀的坚利部分。像刀有锋刃的形状。)

虽然"認"的声旁"忍"、"忍"的声旁"刃"都是合体字,都有理据性,但是"忍"的"忍耐"义与"認"无关;"刃"的"刀口锋利"义与"忍"无关,更与"認"无关。

综上所述,部件的作用只用于指称与字义和字音无关的构字单位,所以在讲解汉字时,应该区分开二者:对于有理据的字,可以用形旁和声旁讲解的,不要涉入部件的概念;同样,用部件讲解字的形体结构时,不管部件有没有理据,都不要涉及字义字音的说解。

有汉字教材说:"偏旁主要用于汉字教学,部件主要用于信息处理。即便同样用于汉字教学,偏旁只适用于那些现代汉字中理据尚存,结构明了的合体表意字和意音字,部件既适用于现代汉字中的合体表意字和意音字,也适用于半记号字和合体记号字。"这样的说法会让部件和偏旁的界限不清楚,在教学中容易给学习者,特别是外国学习者造成困惑和干扰。

苏培成用汉字的外部结构和内部结构区别部件与偏旁的不同作用是一个很好的方法,他说:"我们把汉字的结构分为外部结构和内部结构,与此相应的汉字分析也分为内部结构分析和外部结构分析。我们建议,把部件和偏旁这两个术语的应用加以分化。部件专用于汉字的外部结构分析……偏旁专用于汉字内部结构分析,要研究它和字音、字义的联系。"①

班吉庆、张亚军做了进一步的说明:"汉字的结构分析有外部结构分析和内部结构分析两类。汉字的外部结构指纯粹的字型外观结构,一般不涉及构字的字理;而汉字的内部结构是指与字音、字义有联系的汉字构成成分的组合。部件与偏旁最主要的区别,正是在于部件着眼于汉字的外部结构分析,仅仅是从汉字的形体出发的,当分析某个字的构字部件时,并不涉及部件与该字字音、字义的关系;而偏旁着眼于汉字的内部结构分析,是继承传统文字学按照'六书'理论分

① 苏培成:《二十世纪的现代汉字研究》第 316 页,书海出版社 2001 年。

析出来的,是合体字中表义或表音的构件。所以,二者根本不对应。"①

　　上面讲了部件与偏旁的不同,但是我们知道,实际教学中会偏旁和部件会混合在一起。前面我们讲过"春、秦、寒"三字,"春"由偏旁"日"及部件"𡗗"构成;"秦"由偏旁"禾"及部件"𡗗"构成;"寒"由偏旁"宀、仌"及部件"共"构成。偏旁与部件混合的字讲解起来比较费力,这大概也是部件和偏旁一直纠缠的原因之一。但即便如此,我们在汉字教学中还是要尽量让二者各司其职,避免混淆,不给学习者造成困惑,增加负担。

四、部件与偏旁的关系

　　部件是由笔画组成的不表义不表音的块状构字单位,通过部件解说汉字形体的构成;偏旁是具有表义表音功能的构字单位,通过偏旁讲解汉字形音义的构成。

第八节　偏旁与文化的问题

一、汉字文化概述

　　从商代晚期甲骨文算起,汉字有 3400 多年的历史,汉字

---

　　① 班吉庆、张亚军:《汉字部件的定义》,《扬州大学学报(人文社会科学版)》2004 年第 4 期第 63—64 页。

在造字之始，记录了当时许多文化信息，有政治制度、宗教信仰、思想观念、生活习俗，以及饮食、服饰、建筑等，所以人们说汉字是历史文化的"化石"。

郭宝钧《中国青铜器时代》对甲骨文代表的事物做了一个统计，关于动物及相关的字占 17%，关于植物及相关的字占 15%，关于天象及相关的字占 9%，关于地理及相关的字占 7%，关于战争及相关的字占 8%，关于衣服的 1.7%，关于居住的 6%，关于行走的 3.6%，关于文化的 1.4%，关于娱乐的 1.7%，关于宗教的 3.6%，关于数目字和性质区别字 3.6%，关于人类的序列和人身的本体 20% 以上[①]。

许慎在《说文解字·叙》里说，汉字的作用就是"前人所以垂后，后人所以识古"。这个"古"包罗万象，无所不有。

1936 年，陈寅恪读沈兼士《"鬼"字原始意义之初探》的论文后回信说："依照今日训诂学之标准，凡解释一字即是作一部文化史。"[②] 陈寅恪这句话用来说明汉字和文化的关系一点儿都不为过。前面我们在讲偏旁形成及其他问题时涉及了许多文化问题，下面来看几个字例。

"美"字，甲骨文写作𦍌，像人带有羊角的头饰，意思是美的展示。"美"字"羊"和"人"的组合，记录了 3400 多年前先

---

① 郭宝钧：《中国青铜器时代》第 241—242 页，三联书店 1963 年。

② 葛益信、启功编：《沈兼士学术论文集》第 202 页，中华书局 1986 年。转引自侯旭东：《字词观史——从陈寅恪"凡解释一字即是作一部文化史"说起》，《北京大学学报》2020 年第 4 期第 88 页。

民们已经有审美的观念了。

"男"字,前面讲了,甲骨文写作,田(田)是耕地,(耒)是农具,用"田"和"耒"表示在地里耕作的人是男人。《说文解字》:"男,丈夫也。从田,从力。言男用力于田也。"(男,意思是成年男人。"田"和"力"合起来表示字义。是说男子在田间劳动。)

"妇(妇)"字,甲骨文写作,左边是袖手跪坐的女人,右边是扫帚,女人持帚洒扫表示已婚女人。《说文解字》:"妇,服也。从女持帚洒扫也。"(妇,意思是服侍家事的人。由"女"手持扫帚表示做洒扫类家务事。)《战国策·楚策》:"请以秦女为大王箕帚之妾。"(请让秦女我做大王持簸箕扫帚洒扫侍奉的小妾。"

"男、妇"二字的形和义,从甲骨文至今基本没有变化。从"男"字"田"和"力"及"妇"字"女"和"帚"的组合上,知道早在3400多年前,男女就已经有明确的分工了。

"弄"字,甲骨文写作,下面的是双手,上面是"玉",意思是玩弄玉石。"弄"字"玉"和"廾"的组合,记录了人们早在文字产生以前就已经崇尚玉文化了。《礼记·玉藻》:"君子无故,玉不去身,君子于玉比德焉。"(君子没有特殊原因,佩玉不离开身体,君子的德行可以和玉相比。)进入父系社会后,"玉"又印上男尊女卑的社会文化痕迹。《诗经·小雅·斯干》:"乃生男子,载寝之床,载衣之裳,载弄之璋。……乃生女子,载寝之地,载衣之裼,载弄之瓦。"(生男孩子,放在床上,穿好的衣裳，手里拿着玉玩耍。……生女孩子，放在地上，给她穿小的衣服，手里拿着陶制的纺缍。）"璋"是美玉，是古代贵族在举行朝聘、祭祀时所用的礼器，给男孩子玩璋，希望将来能当官；瓦是纺车的零件，给女孩子玩瓦，意思是将来嫁人纺纱织布做家务。

不过，经过3000多年的发展，社会制度、思想观念、生活习俗等各方面发生很大变化，一些字看不出造字的意图了，蕴涵在字形和字义中的文化信息被淹没了，例如"闰、孟、弃、取"等字。

"闰"字，战国文字写作 閏，意思是闰月，字义和字形古今没有变化，但是"闰"字"门"里一个"王"的构形，则记录着周王朝时的一种祭祀文化。

《说文解字》："闰，余分之月，五岁再闰。告朔之礼，天子居宗庙，闰月居门中。从王在门中。《周礼》曰：'闰月，王居门中，终月也。'"（闰，意思是由剩余的未分的时日组成的月份，五年闰两次。行告祭礼时，天子居于宗庙，闰月天子居门中。从"王"在"门"中表示字义。《周礼》说："闰月，王居门中，持续一整月。"）段玉裁注："《周礼》大史'闰月诏王居门终月'注：'谓路寝门也。郑司农云，《月令》十二月分在青阳、明堂、总章、玄堂左右之位，惟闰月无所居，居于门。故于文，王在门谓之闰。'"邓志瑗对这段话做了详细说明："古代帝王每月阴历初一要到祖庙举行祭礼，叫作告朔之礼。庙里有十二个房子，告朔的时候，帝王按照月份的不同，而住在不同的房子里，如孟春即正月就住在名叫青阳左边的房子里,季冬即十二月就住在名叫玄堂右面的房子里。只有闰月没有房子,就住在门中,所以闰字从王在门中。"[1]

"孟"字,现在的意思是农历季节的第一个月。商代晚期铜器铭文写作🔤,像小孩子在容器中。"孟"的字形古今没有变化,但是"孟"字"皿"中有"子"的构形,则蕴藏着上古时期"食首子"的迷信文化。

《说文解字》:"孟,长也。从子,皿声。"(孟,意思是同辈中年纪大的。"子"表示字义,"皿"表示读音。)夏渌说:"孟"字的"'子'是深深装在'皿'中,是'皿'中盛食的表意字,不似单纯'皿声'的形声字。我国古籍记载曾存在过原始'食首子'的迷信习俗。认为头生子烹食方能保昆弟平安。'孟'古字正是剖食长子于皿的表意字。引申到季节的首月,叫孟春、孟夏、孟秋、孟冬"[2]。《墨子·节葬》:"昔者越之东有輆沐之国者,其长子生,则解而食之。谓之宜弟。"(以前越国东边有輆沐国,他们的第一个孩子出生后,就把他分解吃掉,说是这样对后面的弟弟们有好处。)裘锡圭《"杀首子"解》一文,列举了《墨子》《韩非子》《管子》《淮南子》《汉书》等古代典籍中关于食首子的记载,说:"从上文所述看,在古代中国的边裔地区似乎相当普遍地存在过杀首子的习俗,而且首子被杀后

---

① 邓志瑗:《中国文字学简说》(第二版)第 106 页,江西人民出版社 2008 年。

② 夏渌:《古文字演变趣谈》第 272 页,文物出版社 2009 年。

往往被分食，并被献给君主。估计在较早的时代，中原地区大概也存在过这种习俗。产生这种在现代人看来十分荒谬的习俗的原因，究竟是什么呢？……我国古代杀首子的习俗，显然也应该解释为把头生子女献给鬼神。在古书的有关记载里没有提到杀首子的祭祀性质，是由于记载的人对这种习俗缺乏深入的了解。献第一批收获于鬼神，是为了能平安地保有、食用收获的其他部分，并在来年继续得到新的收获。献首子当然也是为了以后能得到新的孩子，并使他们能够安全地成长。所以《墨子》说杀首子是为了'宜弟'，是很有道理的。"[1] 后来"食首子"的习俗消失，"孟"字只留下"首子"的意思，即后来"孟、仲、季"兄弟姐妹的排行老大。明冯梦龙《古今谭概·志文》："胡卫道三子：孟名宽，仲名定，季名宕。"历史故事"孟姜女哭长城"的孟姜女就是姜家的大女儿。现在我们称农历每一季节的头一个月为"孟"。

和"孟"类似的还有"弃"字。"弃"字甲骨文写作、，像双手执簸箕将婴儿遗弃。董作宾说："前一个弃字是将将下生来的孩子，被他父或别人用棍子打死，以两手捧着簸箕除出去。后一个弃字，是被打死的孩子身上还带着衣胞里的血浆，放在盛垃圾的簸箕里，两手捧着送出去的样子。"[2] 李孝定说：

---

① 裘锡圭：《裘锡圭学术文化随笔》第 166—178 页，中国青年出版社 1999 年。

② 见田倩君：《说弃》，《中国文字》第 13 册第 6 页，台湾大学文学院 1964 年。

"字象纳子箕中弃之之形,古代传说中常有弃婴之记载,故制弃字象之。"① 苏宝荣说:"父系氏族社会形成过程中,在婚姻关系尚处混乱的情况下,为了保证家族财产继承权而形成的婚后遗弃长子的风俗。"② 这是说,母系氏族社会孩子知其母不知其父,父系氏族社会形成过程中,婚姻关系仍处于混乱阶段,这个阶段婚后的第一个孩子不一定是丈夫的,为了保证家族财产继承权,于是就出现了遗弃长子的风俗。古代遗弃孩子不只是为了财产继承,还有其他原因,例如周代始祖后稷一生下来就被遗弃,是因为其母姜嫄是踏到上帝脚印而怀孕的,由于一生下来便被遗弃,于是就取名为"弃"。

"取"字,甲骨文写作🄰,左边是耳朵🄱,右边是手🄲,用手拿耳朵表示获取。"取"字记录了古代战争和狩猎时割去左耳来计算俘虏和猎物的文化。《说文解字》:"取,捕取也。从又,从耳。《周礼》:'获者取左耳。'《司马法》曰:'载献聝。'聝者,耳也。"(取,意思是捕获。"又"和"耳"合起来表示字义。《周礼》说:"捕获的野兽割取左耳。"《司马法》说:"载献聝。""聝"就是耳朵。)聝,《说文解字》:"聝,军战断耳也。"意思是说作战中割去敌人的耳朵。

---

① 李孝定编述:《甲骨文字集释》第 1399 页,史语所 1970 年。
② 苏宝荣:《文字学掇英——兼论文字的动态考释方法》,《河北师范大学学报》1993 年第 2 期第 48 页。

二、偏旁承载文化义

（一）表义偏旁承载文化义

汉字的文化义主要体现在合体字的表义偏旁上，一般说来，独体的象形字表示的是事物的存在，记录的是静止的简单的文化现象；而由偏旁构成的合体字表示的是事物的行为，记录的是动态的丰富的文化现象。

例如：甲骨文 𢆶，像一个袖手跪坐的女人，就表示一个人跪在那里，但是跪着的女人——

如果前面有表示孩子的偏旁 𡥀，写作 𡥀（好），意思是能生育的女人。"好"字记录了当时女人生育孩子延续氏族的理念。

如果上面有表示房子的偏旁 𠔼，写作 𡧇（安），意思是女人在家里安全。"安"字记录了当时人们已经有在室内躲避危险的意识。

如果前面有表示扫帚的偏旁 𢁅，写作 𡞲（妇），意思是女人在洒扫房间。"妇"字记录了当时男女分工的现象。

如果前面有表示禾苗的偏旁 𥝌，写作 𡝭（委），意思是女人像禾苗那样委屈顺从。"委"字记录了当时女人的地位。

如果侧面有表示手的偏旁 𠂆，写作 𡚽，像手抓着女人头发，意思是抢女为妻。"妻"字记录了古代的抢婚制。小篆将"手"放在头发下面，写作 𡜀，楷书写作"妻"，看不出"手"字旁了。

如果上面有表示手的偏旁 𠂆，写作 𡜟（妥），意思是在安抚这个女人。"妥"字记录了当时的抢婚制度。

再如：甲骨文𠂤，像一个跪着的人，就表示一个人跪在那里，但是跪着的人——

如果前面有表示食器的偏旁𠂤，写作𣪊（即），意思是这个人跪在食器前吃饭。"即"字记录了当时的食器文化。

如果前面有表示食器的偏旁𠂤，旁边还坐有其他人，写作𣪊（鄉），意思是用酒食款待别人，商代晚期铜器铭文的𣪊最为象形，"鄉"是"饗"的古字。"鄉"字记录了当时的宴饮文化。

如果前面有表示残骨的偏旁𠂤，写作𣪊（死），意思是跪拜在朽骨旁向死者致祭。"死"字记录了古人祭吊文化

如果上面有表示木铃的偏旁𠅃，写作𣪊（令），意思是向人发号令。"令"字记录了当时的等级文化。

如果前面有表示刑具的偏旁𠃊，写作𣪊（辟），意思是这个人正在受刑。"辟"字记录了当时的刑罚文化。

如果上面有表示手的偏旁𠃊，写作𣪊（印），意思是这个人被按着跪下。"印"字记录了当时的刑罚文化。"印"后来表示向下压的意思。帛书《老子》："高者印之，下者举之。"（高了就压抑它，低了就举高它。）玺印出现后，人们盖印时要往下按，于是"印"就变成印章的意思。《说文解字》："印，执政所持信也。从爪，从卩。"（印，意思是执政者所持印章。"爪"和"卩"合起来表示字义。）

又如：甲骨文𠃊，像刀的形状，就表示一把带柄的刀，商代晚期铜器铭文的𠃊最为象形，但是刀的旁边——

如果有表示鼻子的偏旁 ᖭ，写作 ᖰ（劓），意思是用刀割鼻子。"劓"字记录了古代割鼻子的刑罚文化。

如果有表示人的偏旁 ᖭ，写作 ᖰ（刖），意思是用锯状刀具截去腿脚。"刖"字记录了古代砍断腿脚的刑罚文化。

如果有表示衣服的偏旁 ᖭ，写作 ᖰ（初），意思是用刀裁剪兽皮做衣服。《说文解字》："初，始也。从刀，从衣。裁衣之始也。"（初，意思是开始。"刀"和"衣"合起来表示字义。指开始剪裁做衣服。）"初"字记录了当时的制衣文化。

如果有表示鼎的偏旁 ᖭ，写作 ᖰ（则），意思是用刀在鼎上刻画铭文，有准则之义。因为"鼎"字和"贝（贝）"形体相近，后错写成"贝"字。"则"字记录了当时的礼器制作文化。上面的 ᖰ 是西周甲骨文。

如果有表示树木的偏旁 ᖭ，写作 ᖰ（制），意思是用刀裁割木材。《说文解字》："制，裁也。从刀，从未。"（制，意思是裁断。"刀"和"未"合起来表示字义。）战国时期"木"字讹变为"未"，"制"字记录了当时的裁木做器文化。

又如：甲骨文 ᖭ，像一个房子的形状，就表示一个房子在那里，但是房子里面——

如果有表示猪的偏旁 ᖭ，写作 ᖰ（家），意思是家里有畜养的猪。"家"字记录了当时的畜牧文化。

如果有表示贝和珏的偏旁 ᖭ、ᖰ，写作 ᖰ（宝），意思是贝、玉等财宝藏于家中。"宝"字记录了当时家藏财富的文化。

如果有表示窗户的偏旁口，写作𢎘（向），意思是房子有窗户。《说文解字》："向，北出牖也。从宀，从口。《诗》曰：'塞向墐户。'"（向，意思是朝北的窗户。"宀"和"口"合起来表示字义。《诗经·豳风·七月》说："塞住朝北的窗户，用泥巴涂住门缝。"）"向"字记录了当时的建筑文化。

如果有表示房间的偏旁吕，写作𠈓（宫），意思是屋内房间相连。"宫"字记录了当时的建筑文化。

如果有表示神主牌的偏旁丅，写作𤲬（宗），意思是在家里祭祀祖先。"宗"字记录了当时的家族祭祀文化。

如果有表示树木的偏旁木，写作𡧛（宋），意思是室内有木制家具。"宋"字记录了当时的家居文化。林义光《文源》："木者，床几之属，人所依以居也。"（"木"的意思，是指床几之类的家具，是人用来居住的。）

下面再看一些字例。

"臣"字，甲骨文写作𦣻，像眼睛竖着的形状。《说文解字》："臣，牵也，事君也。象屈服之形。"（臣，意思是被绳子牵着，侍奉君王的人。像屈服的样子。）古代战争抓获了俘虏，留下来做奴隶，奴隶总是低头做屈服状，低着头抬眼看人时，眼睛呈竖状，所以说"臣"像屈服的样子。郭沫若说："臣"字"象一竖目之形。人首俯则目竖。所以'象屈服之形'者，殆以此也"。还说："臣民均古之奴隶也。"[1]

---

① 郭沫若：《释臣宰》，《甲骨文字研究》第 70—75 页，《郭沫若全集》考古编第 1 卷，科学出版社 1982 年。

说"民"原本也是奴隶,是因为"民"字甲骨文写作 ，上面是眼睛,下面是利刀,意思是用刀刺入眼球。郭沫若说:"周代彝器……作一左目形而有刃物以刺之。""周人初以敌囚为民时,乃盲其左目以为奴征。"[①] 古代战争抓获俘虏留下做奴隶,为防止逃跑,刺瞎一只眼。

和"民"字形义相近的还有"叕"字,"叕"字甲骨文写作 (叕),左边的 是眼睛,右边的 是手,意思是手刺入眼内。李孝定说:"又耳为取,又臣为叕,象以手取目之形。疑与'民'字同意。"[②] "民"与"叕"都是刺入眼睛,一个用刀,一个用手。

其实,还有一个"臧"字,其本义跟"民、叕"字义相近,其原形跟"民、叕"字体相似。"臧"字,甲骨文写作 ,像用戈刺目,本义是由战俘成为奴隶的人。后加声符"爿"写作"臧",字义也演变为"善",杨树达《积微居小学述林》:"战败者被获为奴,不敢横恣,故臧引申有善义。"[③]

下面字体中有"臣"字旁的"宦、竖"二字,原本也跟奴隶有关。

"宦"字,西周铜器铭文写作 ,本义是到别人家当臣仆[④]。

<hr>

① 郭沫若:《释臣宰》,《甲骨文字研究》第 70—71 页,《郭沫若全集》考古编第 1 卷,科学出版社 1982 年。

② 李孝定:《叕》,《金文诂林读后记》第 98 页,史语所 1982 年。

③ 杨树达:《释"臧"》,《积微居小学述林·卷二》第 59 页,中国科学院出版 1954 年。

④ 曹先擢、苏培成主编:《汉字形义分析字典》第 217 页,北京大学出版社 1999 年。

"豎（竖）"字，上面的"臤"表示字义，下面的"豆"表示读音。"豎"本义是奴仆。《列子·说符》："杨子之邻人亡羊，既率其党，又请杨子之竖追之。"（杨子邻居的羊跑了，已经领家人去追了，又请杨子的仆人去追。）因为"竖"的本义是奴仆，所以古人用"竖"表示轻蔑义，例如"竖儒、竖臣、竖宦、竖夫、竖儿、竖子"都是蔑称。《史记·项羽本纪》："竖子不足与谋也。"（这小子不可以和他谋事。）隶变时出现把下面"豆"写为"立"的简体"竪"字，汉字简化时根据"臤"的简化类推写作"竖"。

（二）改换偏旁使其贴近文化义

表义偏旁承载文化义，如果偏旁的含义与字的文化义不相符，人们就会改换偏旁，使其一致。例如：

"魔"字，是佛教传入中国之后才出现的字。佛教传入中国后，人们翻译佛经，最初用声音相近的"磨"字译梵语的"Māra"。"Māra"意译为扰乱、破坏、障碍等，佛教指妨碍修行，破坏佛法的邪恶之神。大概人们认为表示邪恶之神，字当从"鬼"，据说是南朝梁武帝改"石"为"鬼"，写作"魔"的。《说文解字》新附："魔，鬼也。从鬼，麻声。"唐释玄应《一切经音义》卷二一："书无此字，译人义作。"（文字中没有这个字，是翻译的人想出来的。）

"棉"字，裘锡圭说："我国本来只有丝绵，没有木棉、草棉。中古时代种植木棉、草棉之后，起初就用'绵'字表示它们，后来把'绵'字的'糸'旁改为'木'旁，分化出了专用的

'棉'字。"①

"炮"字，火药发明之前，写作"砲"，也写作"礮"，是一种抛石机，抛射石块。据说在南宋金元间，火炮出现，后来人们便把"砲"的"石"字旁改为"火"字旁，写作"炮"。"炮"字汉代《说文解字》有："炮，毛炙肉也。"意思是把带毛的肉用泥巴裹了在火上烤，这个"炮"与做武器的"炮"不是一个字。

现代汉语的"她"也是如此。1920 年，刘半农受英语女性第三人称"she"的启发，把"他"的"亻"字旁换成"女"字旁，写作"她"，专用于女性第三人称。其实，"她"字古代就有，《康熙字典》说："《玉篇》：古文姐字。《说文》：蜀谓母曰姐，淮南谓之社，亦作她，或作媎。"这个"她"与刘半农创造的"她"不是一个字。还有，《圣经》中译本，把对上帝和耶稣的第三人称写作"祂"，把"亻"字旁改换为"示"字旁，以显示与神灵有关。

（三）表音偏旁承载文化义

前面在讲"亦声"字，也就是"声兼义"时，说到有些形声字的表音偏旁也表义，这些表音偏旁也承载文化义。例如：

"琥"字，《说文解字》："琥，发兵瑞玉，为虎文。从玉，从虎，虎亦声。"（琥，意思是发兵凭证的玉器，刻有老虎的花纹。"玉"和"虎"合起来表示字义，"虎"也表示读音。）"琥"的表义偏旁"玉"表示兵符是玉制的，蕴含着古代的玉石文化；而表音偏旁"虎"字，则蕴涵着古代的虎文化，兵符做成猛虎疾奔

---

① 裘锡圭：《文字学概要》（修订本）第 222 页，商务印书馆 2013 年。

的形状,象征着军队的虎威和神速。

"珑"字,《说文解字》:"珑,祷旱玉,龙文。从玉,从龙,龙亦声。"(珑,意思是为驱除旱灾而祈祷用的玉器,上面有龙文。"玉"和"龙"合起来表示字义,"龙"也表示读音。)"珑"的表义偏旁"玉"表示祈祷用的器物是玉制的,蕴涵着古代的玉石文化;而表音偏旁"龙"字,则蕴涵着古代龙文化,祭符做成龙形,表示龙具有呼风唤雨的能力。

其实,这类字的声旁比形旁承载更多的文化,在这些字的讲解上,声旁讲起来可以源远流长,而形旁则点到即止。例如:

"婚"字,重点是声旁"昏","昏"可以从"氏、日"的构成,讲到古代父系社会初始的抢婚文化,再讲到为什么做"婚"字的偏旁。"娶"字,重点是声旁"取","取"可以从"耳、又"的构成,讲到古代战争和狩猎时割取左耳的文化,再讲到为什么做"娶"的偏旁。而它们的形旁"女"字则一笔带过。

"帽"字,西周铜器铭文写作 (冒),上面是"冃",下面是"目"。冃,《说文解字》:"冃,小儿蛮夷头衣也。"(冃,意思是蛮夷等少数民族小孩子的帽子。)"冃"的两横与左右两边不连接,后来为了增强字义,加"目"写作"冒",后又加"巾"写作"帽"。讲解"帽"字时,重点是声旁"冒","冒"可以从"冃"的原形,讲到古代的服饰文化,再讲到"冃"和"目"的构成,以及为什么做"帽"字的偏旁,而其形旁"巾"字则可一笔带过。

"杵"字,甲骨文写作 ,像杵的形状,商代晚期铜器铭文写作 ,最为象形。后假借为地支的第五位,于是加"木"字旁写作"杵"表示原本的意思。《说文解字》:"杵,舂杵也。从木,午声。"(杵,意思是捣黍谷用的棒槌。"木"表示字义,"午"表示读音。)段玉裁注:"舂,捣粟也。其器曰杵。《系辞》曰:'断木为杵,掘地为臼。臼杵之利,万民以济。'"(舂,意思是捣黍谷。捣黍谷的器物叫作"杵"。《系辞》说:"把树枝砍断做杵,把地挖坑做臼。臼和杵的便利,万民都得到好处。")讲解"杵"字时,重点是声旁"午","午"可以从舂黍用的杵与臼的形状及其作用,讲到古代粮食加工文化,再讲到"午"为什么做"杵"的偏旁,而其形旁"木"字则可一笔带过。

再如:

"暮"字,其重点是声旁"莫","莫"可以从"䒑、日"的构形,讲到古人日出而作、日入而息的作息文化,再讲到为什么做"暮"字的偏旁。

"懈"字,其重点是声旁"解","解"可以从"牛、角、刀"的构形,讲到古人宰杀牲畜文化,再讲到为什么做"懈"字的偏旁。

"鑑(鉴)"字,其重点是声旁"監","監"可以从"人、目、皿"的构形,讲到古人以水为镜的日常生活文化,再讲到为什么做"鑑"字的偏旁。

此外,还有"俘"字的声旁"孚"的古代战争文化,"酌"字的声旁"勺"的古代饮酒文化,"溢"字的声旁"益"的古代器皿文化,"漏"字的声旁"扁"的古代居住文化,"攔(拦)"字的声旁"闌"的古代建筑文化,"逆"字的声旁"屰"的古代礼节文化等等,这些字的声旁蕴涵着丰富的历史文化。

（四）偏旁缺失使得文化义消失

本编第五节"偏旁消失的问题"，讲到汉字简化使得偏旁消失，本节前面也讲了汉字作为古代文化的"化石"主要体现在构字偏旁上，所以，如果一个字的偏旁缺失，那么它所记录的文化就可能找不到了。例如：

"灋"字，西周铜器铭文写作▨，由"水、廌、去"构成，意思是法律像水一样平正，能辨别是非的神兽"廌"撞触不正直者，使其离开。从原始字形上，我们知道早在3000多年前就有了法律的观念，也知道那时的法制观念是依托神灵的。后来"灋"简写作"法"，原本表示神兽的"廌"不见了，虽然字义没有变化，但是字义和字形脱离了联系，如果不找回原先的偏旁，其蕴涵的古代法制文化无从说起。

"慶"字，甲骨文写作▨，上面是鹿皮，中间是心，意思是拿着鹿皮高兴地去祝贺。古时候庆贺以鹿皮为礼物，战国时期加"夂"写作▨，强调行走的意思，小篆写作▨，"鹿"字下省去了"比"，即繁体字"慶"的来源。后来"慶"简写作"庆"，原本表示行走的"夂"以及鹿皮和心都不见了，虽然字义没有变化，但是字义和字形脱离了联系，如果不找回原先的偏旁，其字形所蕴涵的古代庆贺文化无从说起。

"婦"字，甲骨文写作▨，左边是袖手跪坐的女人▨，右边是扫帚▨，女人持帚洒扫表示已婚女人。后来"婦"简写作"妇"，原本表示扫帚的"帚"不见了，虽然字义没有变化，但是字义和字形脱离了联系，如果不找回原先的偏旁，其字形所蕴涵的古代男女社会地位文化无从说起。

"禮"字，甲骨文写作豊，下面是礼器"豆"，里面是两串"玉"，古人举行仪式时用豆盛玉，本义是祭拜活动，后加"示"写作"禮"。后来"禮"简写作"礼"，原本表示盛玉的祭器"豊"不见了，字义和字形脱离了联系，其蕴涵的古代祭祀文化无从说起。

"賓"字，甲骨文写作宀，由房屋、人、脚组成，意思是有人来到，就是宾客到来。古时候宾客到来时，必有礼物相赠，于是西周铜器铭文加"贝"字写作賓，即繁体字"賓"的来源①。清代出现"宀"下是"兵"的简体"宾"字，原本强调古人送礼文化的"人"不见了，表示礼物的"贝"不见了，字义和字形脱离了联系，其蕴涵的古代礼节文化无从说起。

"嘗"字，《说文解字》："嘗，口味之也。从旨，尚声。"（嘗，意思是亲口品尝食物的味道。"旨"表示字义，"尚"表示读音。）"嘗"的形旁"旨"甲骨文写作旨，像勺子送食物到嘴里，本义是味道甘美。"嘗"就是品尝美味。后来"嘗"简写作"尝"，原本表示味道甘美的"旨"不见了，字义和字形脱离了联系，其蕴涵的古代饮食文化无从说起。

"塵"字，小篆写作麤（麤），上面是三只鹿，《说文解字》："麤，鹿行扬土也。从麤，从土。"（麤，意思是鹿群跑过时扬起

---

① 王国维说："宀上从屋，下从人从止，象人至屋下，其义为宾。……古者宾客至，必有物以赠之。"见《与林浩卿博士论〈洛诰〉》，《观堂集林》卷1第43页，中华书局1959年。

的灰尘。"麤"和"土"合起来表示字义。）后来"麤"简写作"塵"，原本表示群鹿的"麤"不见了，再后来又简写作"尘"，"鹿"也不见了，字义和字形脱离了联系，其字形所蕴涵的古代狩猎文化无从说起。

"羅"字，甲骨文写作 ，像捕鸟的网，春秋铜器铭文加"糸"写作 。《说文解字》："羅，以丝罟鸟也。从网，从维。"（羅，意思是用丝网捕鸟。"网"和"维"合起来表示字义。）后来"羅"简写作"罗"，原本表示鸟的"隹"和强调丝网的"糸"不见了，字义和字形脱离了联系，其字形所蕴涵的古代狩猎文化无从说起。

还有"爲"字简写作"为"，"鄉"字简写作"乡"，"農"字简写作"农"，"開"字简写作"开"，"買"字简写作"买"，"聲"字简写作"声"，"競"字简写作"竞"，"親"字简写作"亲"，"進"字简写作"进"，"麗"字简写作"丽"，这些字的偏旁消失，偏旁所记录的诸如劳作、宴饮、农耕、建筑、购物、乐器、奴役等古代文化也都找不到了。

三、偏旁文化义例解

（一）"辛"字旁的文化义

前面讲"辟"字时说过，"辛"是实施黥刑的工具，也是罪人的标志。"辛"字旁的字大都与刑罚有关，从"辛"字旁可以看到古代刑罚文化的痕迹。例如：

"妻妾"的"妾"，甲骨文写作 ，上边的"辛"是罪人的标志。《说文解字》："妾，有罪女子，给事之得接于君者。从辛，从女。"（妾，意思是有罪的女人，有机会接触并为君王服务的人。"辛"和"女"合起来表示字义。）"妾"本义是女仆。

"儿童"的"童"，甲骨文写作𗊲，上边的"辛"是罪人的标志。《说文解字》："童，男有罪曰奴，奴曰童；女曰妾。从辛，重省声。"（童，意思是男人有罪叫"奴"，"奴"也叫作"童"；女的叫"妾"。"辛"表示字义，"重"表示读音，"重"做声旁时省去上面的"千"。）"童"字本义是男奴。

"競（竞）赛"的"競"，甲骨文写作𗊲，像两个人在比赛、角逐。二人头上都有"辛"，当是奴隶。

"童、妾、競"上面原本是"辛"，后来形体发生变化，写成了"立"。

"奴僕（仆）"的"僕"原本也有"辛"字旁，甲骨文写作𗊲，像一个头上有"辛"的标识、屁股有尾巴装饰的人端着簸箕在倒垃圾。《说文解字》："僕，给事者。从人，从菐，菐亦声。"（僕，意思是供役使的人。"人"和"菐"合起来表示字义，"菐"也表示读音。）"僕"是家里的奴仆。

在古文字中"辛"也写作"辛"，所以一些有"辛"字旁的字，本义也跟罪有关，也记录了古代的刑罚文化。例如：

"宰相"的"宰"，甲骨文写作𗊲。《说文解字》："宰，罪人在屋下执事者。从宀，从辛。辛，罪也。"（宰，意思是在屋子下面做事的罪人。"宀"和"辛"合起来表示字义。辛，意思是有罪。）后转指贵族家中的管家或奴隶总管。《左传·定公十二年》："仲由为季氏宰。"（仲由当了季氏的管家。）早期家事、政务界限不明确，可以兼管。宰又指地方官，《论语·雍也》："子游为武城宰。"（子游担任武城地方的长官。）[1]

"无辜"的"辜"，《说文解字》："辜，罪也。从辛，古声。"（辜，意思是罪。"辛"表示字义，"古"表示读音。）《韩非子·说疑》："赏无功之人，罚不辜之民，非所谓明也。"（赏无功的人，罚无罪的人，不能称作明察。）"死有余辜"的"辜"即为本义，意思是死也抵偿不了所犯的罪行。

（二）"辰"字旁的文化义

"辰"字，甲骨文写作卪，像蚌壳侧面之形。"辰"是除草种田的农具，中国很早就进入农耕社会，最初人们是用蚌壳做成铲子除草翻地的。茌平尚庄新石器时代遗址中属于大汶口文化和龙山文化的遗迹里就发现有蚌壳制作的"蚌铲、蚌镰"[2]。在河南偃师二里头早商宫殿遗址中也发现有"蚌铲"[3]。所以有"辰"字旁的字大都跟农业有关，从"辰"字旁可以看到古代农业文化的痕迹。例如：

"農业"的"農"，和前面讲过的"蓐"原本是一个字，甲骨文写作卪，上面是"林"，下面是手持"辰"，意思是在播种之前，

---

① 曹先擢、苏培成主编：《汉字形义分析字典》第 663 页，北京大学出版社 1999 年。

② 山东省文物考古研究所（吴诗池、吴文祺执笔）：《茌平尚庄新石器时代遗址》，《考古学报》1985 年第 4 期第 484 页。

③ 中国科学院考古研究所二里头工作队：《河南偃师二里头早商宫殿遗址发掘简报》，《考古》1974 年第 4 期第 241 页。

先拿蚌制农具去割草。后来"蓐"加"好"写作"薅"专表拔除田草义，"好"做声旁时省去"子"；"農"则表示耕作之事。《说文解字》："農，耕也。"

"清晨"的"晨"，甲骨文写作ᨠ(晨)，像两只手拿着蚌制农具"辰"去田里除草，古人去田里劳动当是黎明时，所以表示早晨的意思。杨树达《积微居小学述林》："盖吾族以农立国，俗尚早起，农民两手持蜃往田，为时甚早，故以两手持辰表昧爽之义。"[1]战国时期出现上面是"日"的"晨"字。

"侮辱"的"辱"，上面的"辰"是除草的农具蚌壳，下面是手，意思是手持蚌壳除草，后借去表示耻辱，于是填加形符"寸"写作"耨"表示本义。

（三）"酉"字旁的文化义

"酉"字，甲骨文写作ᨯ，像一个装酒的器皿，有"酉"字旁的字记录了古代的酒文化。古人很早就会酿造酒了，考古发现，新石器时期的大汶口文化遗址中有大量的专用酒器成组随葬。"各墓葬酒器甚多，是陵阳河大汶口文化墓葬的又一特点。陵阳河 3 次发掘的 45 座大汶口文化墓葬，随葬高柄杯一类的饮酒用具竟达 663 件之多，约占整个墓地出土遗物总数的百分之 45。"[2]殷周青铜器中酒器种类很多，各有不同用途，

---

[1] 杨树达：《释"辱"》，《积微居小学述林·卷二》第 51 页，中国科学院出版 1954 年。

[2] 王树明：《山东莒县陵阳河大汶口文化墓葬发掘简报》，《史前研究》1987 年第 3 期第 64 页。

容庚、张维持分酒器为煮酒器,有爵、角、斝、盉、鐎等;盛酒器,有尊、觥、彝、卣、罍、壶、瓶、缶、卮等;饮酒器,有觚、觯、杯等;挹注器,有勺[①]。其中煮酒器"盉",王国维认为是专门用来调酒之浓淡的,他说:"余谓盉者,盖和水于酒之器,所以节酒之厚薄者也。"[②]"酉"字旁的字大都跟酒有关系,从"酉"字旁可以看到古代酒文化的痕迹。例如:

"醜(丑)陋"的"醜",甲骨文写作🈁。《说文解字》:"醜,可恶也。从鬼,酉声。"(醜,意思是丑陋、可恶。"鬼"表示字义,"酉"表示读音。)其实,声旁"酉"兼表字义,意思是醉酒的人跟鬼一样丑陋、可恶。

"清醒"的"醒",《说文解字》新附:"醒,醉解也。从酉,星声。"(醒,意思是酒醉以后醒来。"酉"表示字义,"星"表示读音。)《国语·鲁语下》:"醉而怒,醒而喜,庸何伤?"(醉的时候发怒,醒的时候欢喜,又有什么妨碍呢?)"醒"有"酉"字旁,本义是酒醉后醒来。

"醋意"的"醋",《说文解字》:"醋,客酌主人也。从酉,昔声。"(醋,意思是客人用酒回敬主人。"酉"表示字义,"昔"表示读音。)"醋"的本义是客人用酒回敬主人,而表示"食用醋"意思的字原本写作"酢"。

"分配"的"配",《说文解字》:"配,酒色也。从酉,己声。"

---

① 容庚、张维持:《殷周青铜器通论》第 43—65 页,文物出版社 1984 年。
② 王国维:《观堂集林》第 152 页,中华书局 1959 年。

（配，意思是酒的颜色。"酉"表示字义，"己"表示读音。）"配"的本义是用不同的酒配制酒的颜色。

"残酷"的"酷"，《说文解字》："酷，酒厚味也。从酉，告声。"（酷，意思是酒浓厚的味道。"酉"表示字义，"告"表示读音。）

"斟酌"的"酌"，左边是"酉"，像盛酒器；右边是"勺"，像舀酒的器具，把取尊中的酒注于爵中使人饮之。"斟酌"原本是倒酒入杯，《后汉书·方术传下》："慈乃为赍酒一升，脯一斤，手自斟酌，百官莫不醉饱。"（左慈于是拿着一升酒，一斤干肉，给大家倒酒，百官没有不酒醉饭饱的。）《汉语大词典》："倒酒不满曰斟，太过曰酌，贵适其中。故凡事反复考虑、择善而定，亦称斟酌。"[①]

（四）"贝"字旁的文化义

"贝"字，甲骨文写作❀，像贝壳的形状。古人用贝壳做货币，"贝"字旁的字大都跟钱币有关，从"贝"字旁可以看到古代钱币文化的痕迹。例如：

"祝贺"的"贺"，本义是送礼物庆祝。《说文解字》："贺，以礼相奉庆也。从贝，加声。"（贺，意思是把礼物奉献给人，向人祝贺。"贝"表示字义，"加"表示读音。）由此得知，祝贺时带礼物的文化由来已久。

---

① 汉语大词典编辑委员会、汉语大词典编纂处编：《汉语大词典》第7卷第340页，大词典出版社1991年。

"失败"的"败",甲骨文写作,本义是用棍棒击毁贝,表示毁坏。《说文解字》:"败,毁也。从攴、贝。败、贼皆从贝,会意。"(败,意思是毁坏。"攴"和"贝"合起来表示字义。"败、贼"都从"贝"表示字义。)毁坏的贝是钱财。

"体贴"的"贴",《说文解字》新附:"贴,以物为质也。从贝,占声。"(贴,意思是拿物品典当抵押。"贝"表示字义,"占"表示读音。)《南齐书·良政传》:"陛下起此寺,皆是百姓卖儿贴妇钱。"(陛下建造这座寺庙,都是百姓卖儿卖女典当妻子的钱。)典当是为了钱财。

"竞赛"的"赛",原先的意思是酬报神恩之祭祀。《说文解字》新附:"赛,报也。从贝,塞省声。"(赛,意思是酬报神恩。"贝"表示字义,"塞"表示读音,"塞"做声旁时省去"土"。)《晋书·戴洋传》:"昔苏峻时,公于白石祠中祈福,许赛其牛,至今未解,故为此鬼所考。"(以前苏峻作乱时,你在白石祠庙祈神赐福,许愿用牛报祭,到今天没有还愿,所以被这个鬼惩罚。)"赛"字下边的"贝"字表示酬报神恩要有钱物。

(五)"糸"字旁的文化义

"糸"字,甲骨文写作、,前面像一束丝的形状,后面像两束丝。中国的养蚕缫丝文化历史悠久,史书上说,最早是黄帝的妻子嫘祖发明的。《通鉴外纪》:"西陵氏之女嫘祖,为黄帝元妃,治丝、养蚕、供衣服,后世祀为先蚕。"(西陵氏的女儿嫘祖,是黄帝的元妃,她缫丝、养蚕、做衣服,后人奉她为蚕神。)在距今约4700年前的浙江吴兴钱山漾遗址中,发现有

"不少丝麻织品,麻织品有麻布残片、细麻绳。丝织品有绢片、丝带、丝线等"[①]。"糸"字旁的字大都与糸有关,从"糸"字旁可以看到古代丝文化的痕迹。例如:

"关係(系)"的"係",甲骨文写作,像绳子系住人的脖颈,商代晚期铜器铭文写作,最为象形,本义是拴缚、捆绑。那时候已经有用丝制成的绳索了,用来拴缚、捆绑俘虏或罪人。

"纸张"的"纸",《说文解字》:"纸,絮一苫也。从糸,氏声。"(纸,意思是附着在一方竹帘上的丝绵絮。"糸"表示字义,"氏"表示读音。)纸早先是用破旧丝绵制造,"糸"字旁表示"纸"和丝绵有关。

"编辑"的"编",《说文解字》:"编,次简也。从糸,扁声。"(编,意思是编排竹简。"糸"表示字义,"扁"表示读音。")编竹简要用丝绳,所以有"糸"字旁。《史记·孔子世家》:"(孔子)读《易》,韦编三绝。"(孔子常读《周易》,连接竹简的丝绳多次断裂。)

"纪律"的"纪",《说文解字》:"纪,丝别也。从糸,己声。"(纪,意思是丝缕的头绪。"糸"表示字义,"己"表示读音。)"纪"的本义是丝缕的头绪,用来缠丝束的。《墨子·尚同》:"譬若丝缕之有纪,罔罟之有纲。"(比如丝缕有头绪,渔网有纲绳。)

---

① 浙江省文物管理委员会:《吴兴钱山漾遗址第一、二次发掘报告》,《考古学报》1960 年第 2 期第 86 页。

"繁杂"的"繁",原本写作"緐",《说文解字》:"緐,马髦饰也。从糸,每声。《春秋传》曰:'可以称旌緐乎?'"(緐,意思是马颈鬃毛上的装饰物。"糸"表示字义,"每"表示读音。《春秋传》说:"大概可以和马鬃上下垂的丝带相称吧?")段玉裁注:"饰亦妆饰之饰。盖集丝绦下垂为饰曰緐,引申为緐多。又俗改其字作繁,俗形行而本形废,引申之义行而本义废矣。"(饰,是妆饰的饰。把下垂的丝绦集起来做装饰叫作緐,引申为緐多。俗字改"緐"作"繁",俗字通行而本字不用,引申义通行而本义不用了。)

(六)"皿"字旁的文化义

"皿"字,甲骨文写作Ⅵ,像器皿的样子。商周时期青铜器皿很多,有礼器、乐器、酒器、食器等。"皿"字旁的字大都跟器皿有关,从"皿"字旁可以看到与器皿相关的古代礼节和生活习俗的痕迹。例如:

"盥洗"的"盥",甲骨文写作ᢒ,像在器皿上洗手。春秋铜器铭文写作ᢒ,像就着流水冲洗双手。洗手为什么是文化呢?因为古时候洗手是一种礼节,叫"沃盥之礼",凡祭祀和宴饮都要先洗手。《礼记·内则》:"进盥,少者奉盘,长者奉水,请沃盥。盥卒,授巾。"(请他们洗手时,年青的捧着盘在下面接水,年长者执匜往手上浇水,洗完后,递上擦手巾。)上面浇水的器皿是匜,后来用匜,下面接水的是盘。

"監(监)视"的"監",甲骨文写作ᢒ,像一个人俯首睁大眼睛在盛水的器皿里照自己的面容。上古时期铜镜发明之前,人们以水为镜。《书·酒诰》:"人无于水监,当于民监。"(执政者不要以水为镜,应该以民为镜。)后来用以照形的水盆也叫作"监",再后来加"金"字旁,写作"鑑"或"鑒"。《说文解字》:"鑑,大盆也。"

"瘝盂"的"盂",甲骨文写作 🔲。《说文解字》:"盂,饭器也。从皿,亏声。""盂"在上古时期是吃饭用的器皿。

"盡(尽)心"的"盡",甲骨文写作 🔲,上面是手里拿着一把刷子,下面是容器,有人说是食器,饮食已毕而后洗刷空的食器,表示"净尽"的意思。《说文解字》:"盡,器中空也。"

还有前面讲到记录古代"食首子"文化的"盂"字等。

四、偏旁文化与历史典故、古文阅读及文学欣赏

(一)偏旁文化有助于理解历史典故

偏旁文化可以帮助理解与汉字有关的历史典故,例如:

"刘"字,繁体字写作"劉",由"卯、金、刀"三部分组成。"卯"字甲骨文写作 🔲,像把东西劈开的样子,"刀"表示武器,"金"表示武器的材质。"刘"字的偏旁多有凶气,其本义是杀戮。《尔雅·释诂》:"刘,杀也。"《书·盘庚》:"重我民,无尽刘。"(看重我的子民,不要都被杀害。)"刘"字见于周代的《尚书》《诗经》,但汉代《说文解字》不收。不收原因,陆宗达、王宁说:"'刘'是汉朝帝王之姓,正是当朝的避讳,而'刘'的词义是

'杀',是个凶义。"①《说文解字》虽然没有收"劉"字,但"劉"字作为偏旁出现在相关字的解释中。《说文解字》:"瀏,流清皃。从水,劉声。"(瀏,水流清澈的样子。"水"表示字义,"劉"表示读音。)

"辠"字,《现代汉语词典》(第7版)在"罪"字下列出异体字"辠"。其实,"罪"原本就写作"辠"。《说文解字》:"辠,犯法也。从辛,从自,言辠人蹙鼻苦辛之忧。秦以辠似皇字,改为罪。"(辠,意思是犯法。"辛"和"自"合起来表示字义,是说罪人蹙着鼻子,有痛苦辛酸的忧伤。秦始皇因为"辠"的字形像"皇"字,于是改作"罪"字。)"辠"字上面的"自"不是许慎说的蹙着鼻子的意思,而是与古代割鼻子的刑罚有关;下面的"辛"是刑具,表示有罪的意思。"皇"字,小篆写作皇,上面是"自"字;"辠"字小篆写作辠,上面也是"自"字。"皇、辠"二字古文字的偏旁相同,字形相似,秦始皇有所忌惮,于是用表示渔网的"罪"替换"辠"。"罪"字,《说文解字》:"罪,捕鱼竹网。从网、非。秦以罪为辠字。"(罪,意思是捕鱼的竹网。"网"和"非"合起来表示字义。秦始皇用"罪"替换"辠"字。)

"曌"字,上为日月,下为空。《集韵》笑韵:"照,《说文》:'明也。'……唐武后作曌。""曌"字乃凤阁侍郎宗秦客所造,

---

① 陆宗达、王宁:《古汉语词义答问》第36—38页,甘肃人民出版社1986年。

献于武则天,意思是日月当空,普照天下。武则天,闺名武照,得"曌"字后,把自己的名字改为"武曌"。

(二)偏旁文化有助于古文阅读

前面讲了一些字的形旁可以帮助学习现代汉语书面语词语,而偏旁所记录的文化也可以帮助理解和阅读古文中的字词和语句。例如:

"得"字,《战国策·燕策》:"两者不肯相舍,渔者得而并禽之。"(鹬和蚌两个都不肯松开,打渔的人遇见了一并抓住了它们。)"得"字,甲骨文写作㣻,像手里拿着一个贝,意思是在路上有所获得,也有加"彳"字旁写作㣻的。《说文解字》:"得,行有所得也。从彳,导声。"(得,意思是走在路上而有所得。"彳"表示字义,"导"表示读音。)许慎说"行有所得也"是对的;说"导"表示读音,不对。"得"字的"彳"字旁是强调在路上有所得,"渔者得而并禽之",前面的"得"意思是在路上遇见,后面的"禽"是抓住。"禽"是动词,本义是"捕获",前面有讲解。

和"得"字情形相同的有"俘"字,"俘"原本写作"孚",甲骨文写作㿝,上边是"手",下边是"子",像手抓住一个人。甲骨文中更多的是加"彳"字旁,写作㿝,强调是在路上抓获的。李孝定说:"孚"字"象以手逮人之形。增彳,示于道中逮人"[1]。

---

① 李孝定编述:《甲骨文字集释》第 2663 页,史语所 1970 年。

昔甲辰方征于蚁，人十又五人。五日戊申方亦征，人十又六人。（过去的甲辰那天，方国侵犯蚁地，俘去我们十五人。五天后的戊申日，方国又来侵犯，俘去十六人。合集 137 反）

"盗"字，《左传·僖公二十四年》："窃人之财，犹谓之盗，况贪天之功以为己力乎？"（偷别人的财物，尚且称之为盗，何况贪天之功以为自己的力量呢？）"盗"字，甲骨文写作，像一个人看着盘子，张着大嘴，流着涎水，一副想偷东西的样子。《说文解字》："盗，私利物也。从次，次欲皿者。"（盗，意思是把别人有用的物件窃为己有。"次"表示字义，"次"是想要别人的器皿。）"盗"字上面的"次"也可以写作"次"。"次"前面也讲了，像一个人张嘴流口水的样子，意思是对别人的东西有所垂涎，欲窃为己有。成语"掩耳盗铃、欺世盗名"的"盗"就是偷窃的意思。

"贼"字，唐柳宗元《童区寄传》："贼二人得我，我幸皆杀之矣。"（两个强盗抓了我，我侥幸把他们都杀了。）"贼"有"戈"字旁，"戈"是武器，表示"贼"是杀人越货的强盗。《说文解字》："贼，败也。从戈，则声。"（贼，意思是残毁财物。"戈"表示字义，"则"表示读音。）《左传·昭公十四年》："杀人不忌为贼。"（杀人没有顾忌的是贼。）

先秦两汉时，"盗"多指偷窃，"贼"多指伤害。《荀子·修身》："窃货曰盗"，"害良曰贼"，其本义从它们的偏旁上可以看出。后来词义演变，"盗"字转指明火执仗的强抢，"贼"字转指小偷小摸的偷窃。

"除"字，《世说新语·正事门》："后正会，值积雪始晴，听事前除雪后犹湿。"（后来正月初一集会，正遇上久雪初晴，厅堂前的台阶上雪后还有些雪水。）"除"的本义是台阶，《说文解字》："除，殿陛也。从阜，余声。"（除，意思是宫殿的台阶。"阜"表示字义，"余"表示读音。）"除"的"阝"字旁表示台阶的高低上下，成语"洒扫庭除"的"除"就是台阶的意思。

"縣（县）"字，《诗经·魏风·伐檀》："不狩不猎，胡瞻尔庭有縣鹑兮？"（不冬狩不夜猎，为什么见你庭院挂着鹌鹑？）"縣"的本义是悬挂，西周铜器铭文写作，像木杆上悬挂人头。"縣"的"系"字旁表示用丝绳悬挂。篆文把人头倒置，悬绳置于右边，写作（縣）。后来"縣"主要用做行政区划单位，于是又在下面加"心"写作"懸"表悬挂义。明代出现省去"縣"字右边的"系"、并把下面略作改变为简体"县"，"懸"字于是类推简化为"悬"。

"错"字，《资治通鉴·唐纪·昭宗天佑三年》："合六州四十三县铁，不能为此错也。""错"字本义是黄金涂饰镶嵌，西汉时王莽铸造刀币，以黄金错其文字，称之为"错刀"或"金错刀"，后"错刀"引申为钱币的统称。作为钱币的"错"，其"金"字旁表示黄金涂饰镶嵌，也表示金属铸造。唐朝末年，魏博节度使罗绍威担心卫队造反，借朱温之手灭了卫队，但是由于支付朱温军队太多财物，使魏博积蓄殆尽，陷入衰弱，罗绍威十分后悔,知道自己做了一件大错事,感慨道:"即使把魏博六州四十三县的铁都聚集起来,也不会铸成这么大的一个错。"成语"铸成大错"即源于此。

仔细读来,罗绍威借"错刀"之"错"代指"错误"之"错",用"六州四十三县铁"夸张错误之大,"错"字的"金"字旁,其作用不只是帮助字词理解和语句阅读,更多的在于文学欣赏。

(三)偏旁文化有助于文学欣赏

偏旁文化可以帮助文学作品的欣赏,蒋绍愚在《中国汉字文化大观》"汉字与诗歌的阅读欣赏"一节中说,《诗经·桃夭》:"桃之夭夭,灼灼其华。"《诗经·伯兮》:"其雨其雨,杲杲出日。"《诗经·角弓》:"雨雪瀌瀌,见晛曰消。"《诗经·葛覃》:"黄鸟于飞,集于灌木,其鸣喈喈。"诗句中所使用的这些叠音词,都是在先秦口语中常用的,诗篇的作者用这些叠音词来状物摹声,听者就能"闻其音而知其义",并由这些词的词义而引起生动的想象。而当这些民歌用文字记录下来以后,由于用的是有表意成分的汉字,这些汉字的偏旁也就有助于读者在脑中呈现鲜明的视觉或听觉形象[1]。下面我们来看一首唐诗中偏旁的妙用。

唐温庭筠《新添声杨柳枝词》:"玲珑骰子安红豆,入骨相思知不知?"(精巧的骰子嵌入红豆,深入骨子里的相思知道

---

[1] 详见何九盈、胡双宝、张猛主编:《中国汉字文化大观》第134页,北京大学出版社1995年。

不？）①骰，一种赌博游戏用具。《广韵》侯韵："骰，骰子，博陆采具。""骰"的"骨"字旁表示用骨头制作，"骰"子呈正立方体，六面刻有点数，从一到六，其中一、四为红点。诗人巧把红点比红豆，用嵌入骰子里的红点隐喻刻骨的相思，中国的古典诗词能有如此精当绝妙之诗句，正是汉字偏旁文化的神奇之处。

偏旁文化的妙用还特别表现在脱胎于律诗的另一种传统文学形式——对联的创作上。坊间流传一佳对，有不同的版本和出处，下面这个流传最广，它之所以脍炙人口，除了对仗贴切，更多的是偏旁的魅力。

> 琴瑟琵琶八大王，王王在上；
> 魑魅魍魉四小鬼，鬼鬼犯边。

偏旁做对联的还有：

> 烟锁池塘柳，
> 炮镇海城楼。

上下两联，偏旁火金水土木一一相对。

传说旧时一海神庙前有楹联：

---

① 唐温庭筠《新添声杨柳枝词二首》："一尺深红胜曲尘，天生旧物不如新。合欢桃核终堪恨，里许元来别有人。""井底点灯深烛伊，共郎长行莫围棋。玲珑骰子安红豆，入骨相思知不知？"

浩海汪洋波涛涌溪河注满，

雷霆霹雳霭雲雾零雨雾霏。

上联十一个"氵"字旁，下联十一个"雨"字头，水水雨雨守在海神庙门两侧，也是贴切得很。

殷寄明、汪如东的《现代汉语文字学》在论述"以汉字为本体产生的文化现象"时也举了一个例子，说："有一家马车店的对联是这样写的：迎送远近通达道，进退迟速还逍遥。全是辶部字，不只在语义上、在字形上也表达出客店与'行走'有关的特点，大概只有汉字才能表现得如此绝妙。"[①]

"只有汉字才能表现得如此绝妙"，正是汉字偏旁文化的神奇之处。

---

① 殷寄明、汪如东：《现代汉语文字学》第 126 页，复旦大学出版社 2007 年。

主要参考书目

曹先擢、苏培成 《汉字形义分析字典》,北京大学出版社 1999 年

高明 《中国古文字学通论》,北京大学出版社 1996 年

谷衍奎 《汉字源流字典》,语文出版社 2008 年

何九盈、胡双宝、张猛 《中国汉字文化大观》,北京大学出版社 1995 年

胡安顺 《说文部首段注疏义》,中华书局 2018 年

黄天树 《说文解字通论》,北京大学出版社 2014 年

黄伟嘉、敖群 《汉字部首例解》(修订本),商务印书馆 2021 年

黄伟嘉 《汉字与汉字教学》,北京大学出版社 2020 年

黄伟嘉 《现代汉语文字答问》,北京大学出版社 2011 年

季旭昇 《说文新证》,艺文印书馆 2010 年

蒋善国 《汉字形体学》,文字改革出版社 1959 年

李圃 《古文字诂林》,上海教育出版社 2012 年

李乐毅 《简化字源》,华语教学出版社 1996 年

李孝定 《甲骨文字集释》,史语所 1970 年

李学勤 《字源》,天津古籍出版社 2012 年

梁东汉 《汉字的结构及其流变》,上海教育出版社 1959 年

刘钊、洪飏、张新俊 《新甲骨文编》,福建人民出版社 2009 年

刘志基 《汉字与古代人生风俗》,华东师范大学出版社 1995 年

裘锡圭 《文字学概要》(修订本),商务印书馆 2013 年

容庚、张维持 《殷周青铜器通论》,文物出版社 1984 年

商承祚 《说文中之古文考》,上海古籍出版社 1983 年

邵鸿、邵冠勇 《简化汉字解说》,齐鲁书社 2010 年

苏培成 《现代汉字学参考资料》,北京大学出版社 2001 年

苏培成 《二十世纪的现代汉字研究》,书海出版社 2001 年

汤可敬 《说文解字今释》,岳麓书社 2001 年

唐兰 《古文字学导论》(增订本),齐鲁书社 1981 年

王贵元 《汉字与文化》,中国人民大学出版社 2005 年

王国维 《观堂集林》,中华书局 1959 年

王立军 《汉字的文化解读》,商务印书馆 2012 年

(汉)许慎(清)段玉裁 《说文解字注》,上海古籍出版社 1981 年

徐中舒 《甲骨文字典》,四川辞书出版社 1989 年

杨树达 《积微居小学述林》,中国科学院出版 1954 年

殷寄明 《汉语同源词大典》,复旦大学出版社 2018 年

殷寄明 《汉语语源义初探》,学林出版社 1998 年

于省吾 《甲骨文字诂林》,中华书局 1996 年

曾宪通、林志强 《汉字源流》,中山大学出版社 2011 年

詹鄞鑫 《汉字说略》,辽宁教育出版社 1991 年

赵诚 《甲骨文字学纲要》,中华书局 2005 年

中国社会科学院考古研究所 《甲骨文编》,中华书局 1965 年

中国社会科学院语言研究所词典编辑室 《现代汉语词典》(第 7 版),商务印书馆 2016 年